CHINA STONE

华夏基石管理评论

源于本土实践的管理思想原创基地

华夏基石管理咨询集团 主编

第六十五辑

官方微信

中国财富出版社有限公司

图书在版编目（CIP）数据

华夏基石管理评论 . 第六十五辑 / 华夏基石管理咨询集团主编 . — 北京 : 中国财富出版社有限公司， 2023.4

ISBN 978-7-5047-7920-5

Ⅰ . ①华… Ⅱ . ①华… Ⅲ . ①企业管理 Ⅳ . ① F272

中国国家版本馆 CIP 数据核字 (2023) 第 063174 号

策划编辑 李　晗　　**责任编辑** 邢有涛　李　晗　贾紫轩　　**版权编辑** 李　洋

责任印制 尚立业　　**责任校对** 杨芳云　　**责任发行** 黄旭亮

出版发行 中国财富出版社有限公司

社　　址 北京市丰台区南四环西路 188 号 5 区 20 楼　　**邮政编码** 100070

电　　话 010-52227588 转 2098（发行部）　　010-52227588 转 321（总编室）

010-52227566（24 小时读者服务）　　010-52227588 转 305（质检部）

网　　址 http://www.cfpress.com.cn　　**排　　版**《华夏基石管理评论》编辑部

经　　销 新华书店　　**印　　刷** 北京柏力行彩印有限公司

书　　号 ISBN 978-7-5047-7920-5/F · 3534

开　　本 889mm × 1194mm　1/16　　**版　　次** 2023 年 4 月第 1 版

印　　张 10.5　　**印　　次** 2023 年 4 月第 1 次印刷

字　　数 154 千字　　**定　　价** 88.00 元

2023年第一辑　总第六十五辑

主办

北京华夏基石企业管理咨询有限公司

China Stone Management Consulting Ltd.

网　　址：www.chnstone.com.cn

地　　址：中国北京市海淀区海淀大街8号中钢国际广场六层（100080）

咨询与合作：010-62557029　　010-82659965转817

内容交流、转载及合作联系主编：13611264887（微信同）

华夏基石管理咨询集团

China Stone Management Consulting Group

最懂本土企业的研究型管理咨询机构

彭剑锋

中国人民大学劳动人事学院
教授、博士生导师
华夏基石集团董事长

华夏基石领衔专家

施 炜

吴春波

包 政

杨 杜

黄卫伟

孙健敏

管理构筑基石　咨询智启未来

华夏基石管理咨询集团由中国本土管理咨询业开拓者之一、华为“人大六君子”之一、著名管理咨询专家彭剑锋创办。

会聚了近500位毕业自国内外知名学府，既具有扎实的专业理论功底，又有丰富实践操作经验的资深顾问。

50多位知名教授学者、中青年专家组成的智库团队。

中国企业联合会管理咨询委员会副主任单位；2015—2019年连续五年入选“中国管理咨询机构50大”名单，并蝉联第一；获得“人才发展服务杰出供应商”“最具满意度的综合性服务机构”“客户信任的管理咨询机构”“中国咨询业十大领导品牌”等多项荣誉称号。

华夏基石基于本土企业标杆案例的八大经典咨询模块

顶层设计与企业文化建设

01.企业文化诊断
02.企业家思想提炼、管理、应用
03.企业文化大纲（企业文化表达系统）
04.价值观评价标准
05.基于价值观的干部人才体系建设方案
06.企业文化释义集（企业文化释义词典）
07.企业文化案例集
……

企业战略与成长管理

01.企业的成长阶段界定与经营问题研究诊断报告
02.行业发展与产业分析研究报告
03.企业的战略规划
04.企业产品创新与新业务发展规划
05.企业商业模式创新与行业案例的对标研究
06.资本运作与产业收购兼并策略与方案设计
07.企业成长问题与成长瓶颈诊断分析报告
……

企业变革与组织能力建设

01.基于战略的组织变革方案设计
02.平台化+分布式的组织模式设计
03.基于价值创造的集团管控模式的选择与设计
04.组织结构设计方案
05.企业决策机制与授权体系设计
06.组织责、权、利、能、廉机制设计
07.团队智慧的打造与轮值CEO制度设计
……

战略人力资源体系建设与人力资源机制创新

01.基于战略的人才系统设计方案
02.基于能力的人力资源管理体系设计
03.基于战略的绩效与薪酬激励体系设计
04.员工职业通道与任职资格体系设计
05.企业的职位体系与职位管理设计
06. KPI与平衡计分卡的应用设计
07. OKR设计与应用工作坊
……

华夏基石基于本土企业标杆案例的
八大经典咨询模块

事业合伙机制与产业生态构建

01.事业合伙机制顶层结构设计
02.命运共同体（一级合伙人）事业合伙机制构建方案
03.事业共同体（二级合伙人）事业合伙机制构建方案
04.利益共同体（三级合伙人）事业合伙机制构建方案
05.产业链属地事业合伙人模式设计
06.供应商事业合伙人模式设计
07.渠道事业合伙人模式设计
……

集团管控

01.集团战略转型与系统变革方案
02.优化高效的、分层分类的集团化公司治理体系设计
03.集团领导体制与决策机制设计
04.集团化管控模式选择与混合式管控模式设计
05.总部专业职能的角色定位、专业能力建设与价值创造方式
……

营销创新

01. 营销诊断及模式设计
02. 1+N全渠道模式升级
03. 精准化营销策略
04. 品牌IP化设计
05. "顾客经营"营销模式导入
06. 营销组织平台升级
07. 营销队伍建设
……

阿米巴经营：平台赋能型自主经营体

01.阿米巴经营深度调研分析报告
02.阿米巴经营组织划分报告
03.阿米巴经营组织运行规则手册
04.巴长竞聘机制
05.巴长工程
06.阿米巴经营分权表
07.阿米巴经营核算科目表
……

我们的荣誉

2020年，华夏基石荣获北京信息化和工业化融合服务联盟颁发的**"智慧管理专委会联席会长单位"**奖

2015—2019 年，华夏基石连续五年入选中国企业联合会发布的**"中国管理咨询机构 50大"**名单，并蝉联第一

我们的荣誉

华夏基石荣获中国人力资源开发研究会颁发的**“2018—2019年度先进会员单位”**奖

华夏基石荣获中国人力资源开发研究会颁发的**“2016年度中国企业人力资源开发与管理杰出服务商”**奖

华夏基石荣获中国人力资源开发研究会颁发的**“2014年度中国人力资源开发与管理最优服务商”**奖

华夏基石荣获中国人力资源开发研究会颁发的**“2013年度最具满意度的综合性服务机构”**奖

2016—2018年，华夏基石连续三年荣获ICMCI（国际管理咨询协会理事会）颁发的年度**“君士坦丁奖”**

2016年，华夏基石荣获中国人力资源开发研究会颁发的**“2016年度人才发展服务杰出供应商”**奖

2013年，华夏基石荣获中国企业联合会管理咨询委员会颁发的**“2013年中国管理咨询优秀案例一等奖”**

2009年，华夏基石荣获中国企业联合会管理咨询委员会颁发的**“中国管理咨询机构20佳”**奖

华夏基石荣获第二届中国品牌节组委会颁发的**“2007—2008年度中国咨询业十大领导品牌”**奖

华夏基石荣获中国企业评价协会颁发的**“2006—2007年第二届中国人力资源管理大奖服务金奖”**

2007年，华夏基石荣获中国企业联合会管理咨询委员会颁发的**“客户信任的管理咨询机构”**奖

携手同行　共创辉煌

知识与市场服务：

010-62557029　　400-0079-000

官方网站：http://www.chnstone.com.cn

专题

洞见

训战

方法

视野

阅读

专题

CHINA STONE

后疫情时代，组织与个人都应重塑信心，再造信任和打造信仰。

——孙健敏

“后疫情时代”的战略、组织、人

华夏基石3+1论坛第42期活动

研讨嘉宾

彭剑锋 华夏基石管理咨询集团董事长，中国人民大学劳动人事学院教授、博士生导师

孙健敏 中国人民大学教授、博士生导师，华夏基石管理咨询集团领衔专家

李志华 华夏基石管理咨询集团副总裁

苗兆光 华夏基石双子星管理咨询公司联合创始人、联席CEO、训战结合咨询专家

张小峰 华夏基石管理咨询集团副总裁

郭　伟 华夏基石管理咨询集团副总裁

徐继军 华夏基石管理咨询集团副总裁，华沣管理研究院院长

策划/主持/文字

尚艳玲 企业文化案例研究及著作咨询顾问，《华夏基石管理评论》执行总编

开场语

我特别喜欢的一句话是：冬天再漫长，春天也会如期而至。人是为希望而活的，过去三年，在新冠肺炎疫情影响下，难免心绪消沉，甚至不敢乐观，但还是要打起精神，心怀未来，奋勇向前。我注意到，各行业的头部企业领导人在2023年的新年讲话时也纷纷表达了这样的精神，比如美的的方洪波说“纵情向前，繁星满天”；华为的徐直军讲“奋勇向前，冲破险阻，有质量地活下来”；海尔的周云杰讲“2023，创业再出发”。

指导精神是如此，那到底企业怎么干呢？华夏基石管理评论公众号最近整理了两篇文章，一篇是刚才说到的华为、美的这种标杆企业领导人的新年讲话，另一篇是互联网头部企业的新年部署。对比之下，有一个有趣的现象：像福耀玻璃这样的实业企业都在讲业务战略、讲机遇、讲技术投入，互联网企业在讲组织、讲干部管理、讲内部效率提升，比如京东的刘强东怒批高管的PPT文化，腾讯的马化腾也指责腾讯内部的腐败贪污。当然也有不少企业共同的关注点，我总结了一下，有这样一些关键表述：聚焦核心业务，回归经营本质（如刘强东也强调回归商业本质五要素，周云杰讲“要聚焦，保持战略定力，心无旁骛做主业”）；守住企业基本盘，坚持以质取胜，回归成本、效率和体验；加强组织建设，激发内部活力，以创业心态再出发。

那么，在后疫情时代，企业组织面临着哪些问题？组织建设与发展如何调整？今天我们的主题有两个关键点，一个是关于形势环境，另一个是关于组织建设和人。（尚艳玲）

艰难时期，企业更要顺势而为

作者 | 徐继军

此次讨论的国情、疫情，都是形势问题，我想先着重说一下如何看清楚形势。

国情：大势不可违，重点看变量

所谓国情，更多是从宏观经济角度怎么看。这里面有几个点，是非常值得我们深思和关注的。

有句话说“大势不可违”，趋势这件事情对企业来讲非常重要。除非出现了真正意义上那种无中生有的原始创新，绝大多数企业的机会我认为基本上都是大势的产物。我一直有个习惯，看趋势还是要回归到重大的经济变量上去看，这样就会看得比较清楚。

要看清楚中国大势，我们主要看哪些经济变量?

第一，要看债务，债务应该是观察经济最重要的指标。从2007年到现在，债务一路飙升。政府债务据统计大约有50万亿元，加上城投债务60万亿元，总共100多万亿元，使得政府这个中国最主要的投资力量和消费力量面临着巨大的债务压力。这些债务成了山顶上的堰塞湖。企业债务、居民债务水平这十五年也在不断攀升，这些统计数据很容易看到。债务对我们的经济造成的压力太大了，必然会导致很多问题的出现。现在无论是家庭债务，还是政府债务、企业债务，几乎都到了不可持续的状态。**经济学中有一种说法，一切经济危机最终都是债务危机。所以，对于债务问题一定要足够敏感。**

第二，要看人口，对中国经济影响比较大的经济变量是人口。

中国的人口数量在降低，总的生育率特别低，人口结构不可持续，跑步进入老龄化社会，用工成本在增加，人口红利在快速消失。这个问题此前还是半遮半掩的，现在已经变成了上下共识，无论政府和民间都看到这个“灰犀牛”直直地跑过来。但是，人口问题的解决是一个缓慢而艰巨的过程。这个事情造成的影响很可能是一两代人，是好几十年的事。现在生育意愿很低，总的生育率甚至低于 1% 了，人口前景看着很黯淡；“未富先老”已经出现，这是一个巨大的问题，而这个问题是长期积累的结果，短时间看也是无解的。现在，我们就坐在这个火山口子上。

第三，要看房地产，影响中国近几十年大的经济变量是城市化，城市化主要体现为房地产。中国的房地产这几年一波三折，现在已经坐在了火山顶上。国家的房地产政策是房住不炒，然后是“三道红线”，现在又放开了，但是大家没有买房的意愿了，为什么？对房子涨价的预期没有了。应该说，房地产业的走势是一个重大的经济变量。前后带动和影响的产业非常巨大，这些年形成的房地产信仰，导致非常巨大的资源和财富都集中在房地产以及相关领域。现在一旦趋势掉头向下，哪怕是长期横盘、发展缓慢，都将产生巨大而深远的影响。

此外，还有两个观察大势的角度。

一个角度，是技术进步和政治经济体制改革。在技术进步方面，现在暂时没有什么革命性的技术进步力量产生，移动互联网已经比较成熟了，暂时没有大的革命性的技术变量出现。至于新能源汽车的快速发展，未来如何还要看走势，但是还算不上影响广泛深刻、推动积极发展的基础性技术力量。在政治经济体制改革方面，从 20 世纪 80 年代的农村家庭联产承包责任制，到 20 世纪 90 年代的邓小平南方谈话、建立社会主义市场经济体制，再到 2001 年加入 WTO，这些事件对中国政治经济体制影响很大。但是目前阶段看，没有什么新的、大的变量出现。同时，中国社会的底层结构也没有发生革命性的改变。这里所说的所谓社会底层结构，我指的是教育、医疗、养老。所以说，经济现在陷入困境，但是技术进步、政治经济体制改革方面，似乎很难有大的贡献。

另一个角度，看出口、投资、消费，所谓驱动经济的“三驾马车”。不能否认的是，中国经济本质上是外向型经济。但是，2022 年出现了一些重大变量，而且看样子影响深远。一是俄乌冲突，大概率会引起整个全球化格局的大幅调整和改变。中国也在其中，后续发展还要继续看，说不准未来的走向。中国历史上曾经出现过被排斥在全球化之外，从朝鲜战争之后一直到 1972 年，我们几乎和西方发达经济体完全脱钩了，回顾那段历史我们都很清楚发生了什么。所以，俄乌冲突对世界格局的影响，“后劲”可能会非常大。二是 2018 年、2019 年开始的中美贸易战对中国经济造成了巨大的冲击，到现在还没有完全消停。目前总体看下来，中美关系并没有改善，甚至还在持续变差。这对中国企业的直接影响和间接影响也是无法忽视的。

> 另一个角度，看出口、投资、消费，所谓驱动经济的“三驾马车”。

还有一个不得不提的问题，就是过去三年疫情过程中的国际产业链重组。道理很容易理解，产业供应链的要求除了交付及时、成本低、质量好，还有一个更为重要的指标是稳定性。疫情期间出现过上海长时间封控、宁波舟山港货轮无法靠岸的情况，对国际客户的安全感冲击应该很大，让国际客户感觉稳定性无法预期。国际产业链重组的趋势越来越明显，大家都知道越南发展得很快、印度人口马上要成为世界第一、富士康去印度建厂了、苹果在印度生产了等消息，当然还有韩国三星和日本一些重要的企业生产制造环节退出中国，实际上这些现象背后都代表着国际产业链格局重组正在发生，部分产能移出了中国。这些企业有相当一部分业务是出口业务，所以出口业务遭受打击也是显而易见的。至于投资，前面的债务问题、房地产问题已经讲得很清楚，这些年我们可以说是投资过度，现在再去大规模投资，对经济的拉动作用有多大并不乐观。至于中国的消费，一直起不来。消费需要老百姓兜里有钱，但是家庭债务水平摆在那里，中国居民收入占GDP的比重水平摆在那里，确实很困难。有人会反驳说，中国人很有钱了，我们有那么多亿万富翁、千万富翁，比如北京很多普通家庭住的房子市值都在千万以上。但是，消费要上来，得需要中低收入人群的消费意愿和消费水平能上来，富人的数量毕竟有限、消费基本饱和。按照官方的说法，全国还有6亿人口月收入在1000元以下，消费要发挥更大作用还是很有挑战的。

综合这些关键变量来看，我认为中国经济的整体形势是进入了长期下行阶段，也就是人民日报所说的“L”形走势，而且短期看很难逆转，因为关键变量没有大的变化，这是一个大势。

此外，三年疫情的“后遗症”是人心的“残垣断壁”待修复。疫情的整体影响就像中国打了一场仗，打完了战场上还是残垣断壁，还没有恢复到正常，距离恢复正常还有很长的路要走。

企业：基础业务做扎实，风险管控做到位

我一直有个比喻，政治、经济、社会、技术大势就像水，企业就是一艘打鱼的船。对渔船而言，要想存活并且有更多的收获，必须懂得顺势而为。绝大多数优秀的企业，归根结底都是大势的产物，企业是不可能拧过大势的。

从企业角度来看，如果前文的大势判断可以成立的话，那么现在这个阶段，企业应该算是进入了比较艰难的海域了，到处都是礁石。这个时候企业可选择的余地其实不是特别多，因此如何做也就很清楚了。

第一，活下去，这是谈论一切的基础，是第一要务。别把船搞沉了，沉了就出局了。同时，在这个前提下，要想方设法多打鱼，保证有得吃，否则饿死也是不行的。至于船怎么能变得更大，如何才能打到更多的鱼，是活下去之后才有资格去想的事情。而企业要变得更大，一方面要靠趋势，另一方面要靠能力，企业的成功本质上是趋势和能力结合的结果。当然，任何一个时代都有一些牛人可以做到逆势而为，可以火中取栗并且成功。但是，从风险管理的角度来看，这是一个小概率事件。对于绝大多数企业来讲不要干这种逆势而为、火中取栗的事情，

还是要先让自己活下去，让自己活下去的概率高一点。形势上升时，风险低估一些可能有好处。形势往下时，风险高估一些肯定更有益。

第二，练内功，不断提升企业效能，该填的坑抓紧填，该补的洞抓紧补，不要被这些坑和洞给绊倒了。练内功主要有两点：一是把基础业务做得更扎实，把能做好的业务做得更好。过去可能有一些漏洞也没事，现在要赶紧去补漏洞，必须保证企业交付更好更快更省，而且更稳定，唯有如此才能更容易得到客户的青睐。二是风险管控要到位，赌性要收一收。过去形势好的时候赌一把，大概率成了。现在形势变了，就别赌了，大概率会死的。成功概率偏低的事情要少做，一拍脑袋就干的情况要尽可能避免。这种大势下，赌性太重是危险的行为。正确的做法是，尽可能把企业效能提上来。

第三，做瘦身，减少资源浪费，提升资源效率。瘦身包括两个方面，一方面是业务上的瘦身，可做可不做的就别做了，机会导向型、能力比较弱的业务尽可能砍掉。另一方面是组织上的瘦身，组织能力建设回归到最重要的业务能力和管理能力上来，有些人不行就不要了，留下公司最基础的基本盘，剔除掉腐败的力量、低效的部分，把基础的组织力量保护好，要做必要“手术”。方法也很清楚，围绕业务链条和支撑关系，凡是说不清如何为公司业务发展作出贡献的部门或岗位，就需要评估是否还有保留的价值。

第四，深耕客户，跟客户尤其是重要的战略性客户要进一步加强关系，进行更具深度的捆绑，建立更为牢固的关系。道理其实很简单，有两个方面的原因：一个原因，大势不好了，为了生存，竞争就更激烈了，客户的选择余地和谈判空间进一步变大了，所以要设法增强与客户的黏性，失去客户的企业就失去了生命之源。另一个原因，大势不好了，客户的购买力也会下降，在购买力萎缩的情况下，需要对客户分类，投入更多的精力和资源到更有价值的客户，同时还需要想尽办法，尽可能在同一个客户那获取更高的份额。

第五，慎投资，投资的活儿要干得更细，投资方向选择要

更加严谨，投资策略的制定要更加重视风险评估。慎投资不是不投资，而是要更加严谨科学。巴菲特有句著名的话："别人贪婪时我恐惧，别人恐惧时我贪婪。"说得很好，但是理解不到位还是会误导不少人。面对波动的形势，这种做法是可取的，但是面对未来较长阶段的低迷，用这句话指导自己投资就有些过于粗糙了。当然，中国经济体量这么大，结构性、阶段性的机会依然是存在的，企业需要基于自身的资源能力禀赋，用更为严谨、科学的投资管理方法指导自身的投资行为，保证投资风险可控。

总而言之，对于大形势要勇于面对，而勇于面对的体现就是愿意花时间、花心思去深刻理解，而不是掩耳盗铃、自我催眠。在此基础上，要想尽办法提升企业效能，去应对未来阶段更为艰难的航行。无论是思想准备，还是修炼内功、精简组织、深耕客户、审慎投资，都是其中的应有之意。

回归本质，重启发展

■ 作者 | 郭 伟

我们研究企业还是要站在企业端来考虑。如果放在大环境里面，我倒不这么悲观。

过往 40 年是超常规的，现在是回归本质

本质上来讲，我觉得是企业对自身的认知要回归本质。什么叫本质？企业的本质，第一，经营一定是长期持续经营；第二，企业的经营一定是持续满足客户需求的；第三，企业的经营在运行过程中一定会面临从超高利润或者是超高收益，向正常利润、正常收益回落的过程，最终维持在正常的收益，是这样一个基本逻辑。

为什么中国企业这段时期比较悲观？我认为核心的问题是从 20 世纪 80 年代开始到现在 40 年左右的增长，本质上是超常规的发展，而大家已经习惯了超常规的发展、超常规的收益，现在再回归正常轨道的时候觉得不适应了。

超常规体现在哪几个方面呢？

第一方面是市场需求。改革开放以后所带来的人民生活水平的持续提升，激发出了巨大的市场需求，需求丰富化了，造成了巨大的市场空间。人民追求美好生活的需求给供给端提供了巨大的机会窗。这 40 多年来我们一直都在走着这个路，但是近几年我们已经找不到刺激需求的新的增长点在哪儿了。

第二方面是国际化。随着我们跟国际市场接轨，加入了全球化的轨道，中国逐步从代工点成为世界型的工厂，成为“中国制造”，再到逐步开始向“中国创造”进行升级和转换。国际化带来的相互势能给中国的发展带来了更大的市场和更大的机会，投资的国际化、市场的国际化、技术的国际化、管理的国际化，这些都带给企业巨大的发展机会。

第三方面是政府的主动拉动。北大的周黎安教授分析说，中国政府是唯一一个把公司化管理体制引入到政府管理里面去的政府。我们的一个省政府、市政府、县政府，本质上就是一个大公司，40 多年来着重以经济发展作为主要的衡量指标，跟干部的晋升结合在一起，这就造成了政府主动拉动经济的内在驱动。中国这 40 多年的发展，这三大要素起到了很大的作用，我们是在这三大要素共同作用的情况下产生了 40 多年的超常规发展。

这几年的疫情也好，国际环境的变化也好，一系列的外部环境的变化，**从中国发展的角度来看是发展速度放缓了，机会少了，但是如果从企业正常的发展逻辑来看是回归自然，回归本质**。总结起来一句话，企业自然的状态叫作你给客户提供常规的服务，你获取的就是常规的市场公允的收益，你只有创新才能获得超常规的利润。以前我们完全靠机会获得超常规的利润，大家已经习惯了这样的增长，现在其实是回归，这个回归是外部环境已经发生了一系列变化的回归。任何一个企业在持续经营的时候一定会面临外部环境的持续动荡和持续变化，我们不要认为中国这 40 多年的发展是正常的，中国这 40 多年的发展恰恰是反常的。如果我们把一部企业史拉开来看，全球的企业史从工业革命开始，现在才叫回归本质。所以现在大家回归本质以后不知道该怎么干了，因为习惯了超常规的情况。

如何在新的逻辑之下重启发展

在所有的经营逻辑发生了变化的情况下，我们依然要重启发展。如果我们没有信心，可以看看国外的企业是怎么发展的。“一战”“二战”时候的企业是怎么发展的？大瘟疫时代的企业是怎么发展的？不都是这么走过来的吗？所以依然要在新的逻辑之下重启发展。我提三个方面。

1. 从迷茫走向积极应对

三年疫情期间确实有很多企业很迷茫，从企业家到职业经理人到员工都很迷茫。大概有三个方面的迷茫：第一方面是企业发展的方向和企业发展的未来到底是什么不清楚；第二方面是企业如何发展、企业的核心能力和组织能力的建设方向到底是什么不清楚；第三方面是企业近期的经营和管理的重点要抓哪些、要放哪些不清楚。这些就体现出了企业的迷茫期，这个迷茫期不仅仅是疫情的影响，数字化、未来行业的变化、满足客户需求模式的根本变革，这些事情都构成了挑战。在这种不确定的情况下，大家称之为不确定时代、乌卡时代，不管它叫什么，回到企业本身来讲依然是要积极应对。

积极应对体现在哪些方面？第一方面是要重塑价值观，一定要在新的商业逻辑之下重塑企业的价值观，这就是为什么连续三年来，很多企业开始找华夏基石做顶层设计。最近我给一家企业做培训，他们就认为企业现在的使命愿景是不清楚的，2013 年的使命愿景跟现在相比已经发生了巨大的变化，需要刷新。这不是一两家企业的状态，而是大多数企业的状态，这说明我们之前的思考逻辑和对企业整体运行逻辑的思考，在现在的环境下需要刷新了。第二方面是要重塑形象，要动起来，各项举措都要动起来，要重塑企业在政府、行业、竞争对手、客户、投资者面前的形象：我到底是什么，我应该如何做。第三方面是要重塑信心，要通过积极的应对措施来带动和拉动政府、行业、客户、投资者对企业的支持和他们的信心。

2. 从惰怠到勇于试错

刚才谈到了企业的组织建设和团队建设，组织的发展模式、发展方向的迷茫本质上来讲是企业对未来的方向把握不清，对企业未来发展的逻辑，发展的路径没有清楚的思考。这里讲的惰怠是现在整个组织缺乏动力、缺乏冲劲、缺乏激情。现在有很多企业坐而论道，探索各种可能性，我们又有点儿像 20 世纪 80 年代企业初创时四处寻找机会窗，但这个时期已经跟那个时期完全不一样了，在所有的企业都已经达到了一定的规模的情形之下，现在回归自己的主航道，围绕自己的核心能力，一定是颠扑不破的。不能说还这山望着那山高，20 世纪 80 年代那个时候有选择的自由，现在已经没有选择的自由了。在现有的情况之下，只能说在目前的框架之下寻找新的发展点和新的突破点。

勇于试错是要回归事物的底层逻辑，围绕着自身业务的主航道，从构建组织的核心能力着手来勇于试错。具体怎么勇于试错？提出以下几点。

其一，要拥抱未来，一定要对未来有信心，你要没有信心，试错一定是有问题的；

其二，要多方试错，在刚才讲的几个前提之下各种可能性都要勇于尝试，所谓的勇于尝试就是敢于做一定的投资，敢于投入一定的资源，敢于去尝试，你只有试的时候才能走出来，战略是走出来，是打出来的，不是谈出来的，不是看出来的，所以要多方试错；

其三，要及时止损，这就跟 20 世纪 80 年代很不一样了，那时候因为我们有超常规的外部环境的影响，有三大要素的影响，所以基本上是看准了一个方向就不会太差，无非是利润率高低的问题，现在不是这样了，现在试错的时候一定要设立边界，设计资源投入的边界条件，设立成功的标准，及时止损，说白了就是要派出多支侦察队伍，在各种方向上进行探索；

“回归自己的主航道，围绕自己的核心能力，一定是颠扑不破的。”

其四，一旦发现了突破点就全力投入，聚焦、All in。

3. 从观望到组织建设

企业发展的业务方面现在存在多种可能性，对满足客户需求的产品和服务未来到底是什么样的一个形态，现在确实存在多样的可能性，但是有一个颠扑不破的东西——组织建设和组织能力建设，这在任何时候都是一个基础。我们不能因为业务上的不确定性而带来组织上的松散和惰怠。我经常说一句话，在不确定时代我们唯一能够确定的是拥有一支坚定不移、坚持不懈的核心团队，这是我们始终要坚持的。所以一定要从观望到组织建设。组织建设这部分也有几点：其一，要让使命愿景形成引领作用，通过使命愿景来引领；其二，新的管理体系、管理机制要能够保障起来，比如现在我们碰到很多企业，以前一谈使命愿景就热血沸腾，现在谈使命愿景的时候就要跟你叫板了，说你看别人家都实行合伙制了，你光跟我们谈奋斗者，光跟我们谈奉献，光谈义不谈利这不是耍流氓吗？现在很容易出现这样的事情，所以管理机制还是需要更新和保障；其三，强力文化还是要激发，文化建设比任何时候都更加重要；其四，战略技巧的经营主线驱动，战略虽然有不确定性，可能会有变化，但是我们能确定的那部分一定是要跟执行拉通，形成正向的驱动。

通过这一系列的方式把组织能力整体构建起来，持续地打造出一支强有力的队伍，到任何时候都有应对之策。

重启不是重复，而是重构

■ 作者 | 苗兆光

三年疫情结束，企业的经营环境发生了不可逆转的变化。这种变化仍在演进之中，到何种程度、走向哪里、对企业经营和我们的生活产生何种影响，仍然有待观察。这也是企业经营者们在制订 2023 年经营计划的时候，反复拷问宏观环境假设的原因。直接影响企业经营的，其实是微观因素，当我们较多讨论宏观的时候，正说明我们对环境判断不清，在微观上没找到解。

就目前我们能看到的，能相对确定的、形成相对明确的经营假设的，可以归结为三个主题词——重启、定力、意义。

重启：不是重复，而是重构

什么叫重启？重启是针对过去三年的重启。过去三年我们所遭遇到的是非正常的环境，造成这种非正常有客观上的百年不遇的疫情原因，也有百年不遇的公共卫生理念和政策，重启就是回到正常的逻辑。疫情和公卫政策对企业现实的经营活动的干扰是巨大的，让企业的经营活动不能连续。所有的人和企业都处于被动当中，环境会怎么变，往哪儿走，你都无法预测。而重启是指正常的经营环境的回归，企业可以在正常的经营环境中形成判断，建立正常的经营逻辑，从而改变极度被动的局面，主动追求可能的经营目标。但是，需要企业经营者注意的是，重启不是对过去的重复，而是新环境下的重构。具体表现为：

（一）重启是重新洗牌

对企业来讲，特别需要注意的是产业的恢复不是恢复到疫情前的逻辑，而是会重新洗牌。就像我们国家的经济也有过几次重启，比如 1949 年之前的经济是一个结构，1949 年之后这个结构清零了，重新建立一个结构；改革开放又是一次重启，它也是打破了原来的结构，重建新秩序。2023 年，会按照疫情前的结构与秩序去恢复吗？显然不是的。

比如我们看到医疗系统过去三年整个规模和发展速度都是在降低的，因为疫情管控期间，除了核酸企业，大部分医疗企业都很难受。但是放开管控后，现在医院都正常经营了，比如大规模感染后，医疗系统迎接的第一波冲击是新冠后遗症的治疗，那些与心血管、呼吸道治疗等相关的医疗机构就占了先机，有先恢复的优势。**重启对企业来讲不亚于再创业，在重启过程中要找到先机，把先机转化为长期机会、长期能力。**

（二）重启当中有确定性

确定性是什么？我把它理解为价值回归。过去三年我们能看到的是大多数人、大多数企业都处于被动之中，即便是那些赚钱的企业也是被动赚钱，是冥冥之中被某种不可控的力量眷顾了，它不是主动的。比如做核酸的企业，它赚钱不是来自市场逻辑，而是来自国家这几年的公共卫生政策。还有新能源行业，这是我们唯一可以看得出来，未来两年能增长的朝阳行业，它也不是主动获得增长的，而是有很多短期变量影响，如俄乌冲突造成的国际传统能源市场的变动，加上全球各国经历疫情之后要刺激新经济，使得新能源有了增长契机。

这里就说到了，其实现在整个世界都需要重启，在重启时，总得要找一些技术前沿性的产业去推动，在这个过程中不能说这些企业的扩张是主动的，它的增长其实是被动的。那么再往后肯定会回归到常态，哪怕此时的常态和过去的常态不一样，但也是常态了，就像被改变的生活，逐渐也会处于稳态。

在稳态情况下，**决定企业胜利的要素不再是那些不可控的机会、随机的机会，而是价值。因为在稳态中想要获胜一定要立足于某种价值，而这种价值的背后是能力。**

我一直觉得，未来仍然有机会，但是你无法抓到自己没有能力的机会了，因为机会窗来得太快。比如在医疗行业，当心血管疾病治疗需求急增的时候，原来没有具备这方面能力的医疗机构现在想进也进不来。所以，**增长的背后还是能力，而能力需要长期获取**。从这个意义上说，重启的核心是：企业要立足于目之可及的客户价值，在获取客户价值的背后是建立能力。

（三）重启当中有不确定性

重启当中的不确定性，是因为仍然有太多不能确定的环境变量。第一个不确定是政策的影响，中国经济有自己的发展思路，政策是一大影响因素。第二个不确定的是中美脱钩，这是对中国经济影响最大的一个宏观变量，中美脱钩的强度和速度都存在不确定性。第三个不确定性是新冠肺炎疫情，目前为止中国人经历了第一波新冠病毒的冲击，但还会不会有新的病毒变异株，会不会有第二波大规模感染？现在医学界也没有一个明确的说法，所以疫情仍然是一个不确定的变量。这些都是确定中的不确定，所有的不确定实际上也蕴含着机会，同时也威胁着企业的生存。

重启不是重复，不重复历史的任何一段，而是进行客户结构重构、需求结构重构、价值链重构。

（四）重启的四个关键点

重启有不重复性和重构的特征，重启当中有确定，有不确定，所以能做出一个清晰的判断是，2023 年仍然是一个经营环境复杂的年份，对企业来讲应该注意些什么？

一是重启中需要企业保持对环境的警觉。重启不是重复，不重复历史的任何一段，而是进行客户结构重构、需求结构重构、价值链重构。这就要求企业对环境保持足够的警觉，处于一种紧张状态，就像开车，路况复杂的时候对司机的要求是很高的，必须全神贯注，必须观察环境变化，因为你没办法按照过去的逻辑延长线去推演下一步。

企业要对机会的研判保持警觉，尤其是能不能在重启之后的经济业态下领先，2023 年是一个很关键的时期。

二是价值回归，在重启的切换当中洞察长期机会。因为通过一段时间的观察，稳态的趋势会逐步明朗，观察的目的还是要发现长期机会，寻找构建能力的地方，从而刷新企业的系统。因为重启并不是恢复或重复过去的逻辑，所以你的系统需要刷新——重构长期方向、重构战略、重构经营理念体系、重构组织、再造队伍。

三是组织一定要保持敏捷，强调核心团队、核心干部队伍。我们一直说动能转换时期，会产生一些结构性的新机会，这个时候企业保持快速集中资源的能力是重要的。因为一些结构性的机会产生了，能不能提供资源抓住它，对组织的敏捷性要求很高。

关于敏捷性组织怎么建，其实也有相对清晰的方向，比如敏捷性组织更多强调核心团队、核心干部队伍，这些人最重要的特征是归属于企业。所谓归属于企业，是指企业需要我干什么我就去干什么，遇到结构性机会能重新调整自己的学习能力，按照企业的需求适应环境。所以核心团队是重要的，如果没有一支骨干核心队伍，就无法迅速集中力量抓住新的机会。

四是保持观察。这是对企业的领导者来说的，一定要观察环境，要看清环境，你对机会的研判，对环境变量的研判是最重要的。环境不明朗的时候，不要固守自己的假设，不要把自己的一厢情愿当事实。真实的情况是，我们过去三十年形成的观念和假设都需要修订，环境的变化有多大，需要观察。企业要做对的事情，这是一个大前提。

定力：从热血到理性

什么叫定力？我们必须认清一个事实，中国的经济发展已经降速，这个事实无论是官方还是民间都是认可的。我们回顾过去 20 年，第一个时间段，中国每年保持 12%、13% 的经济增速，2009 年之前低于 10% 的都少，只有在 2009 年约为 9%，其他年份都是两位数。第二个时间段，2019 年之前是 6%~8% 的经济增速，仍然是快速的。即便国家也在调，即便按照“十四五”规划和 2035 年远景目标，2021—2025 年也是规划了百分之五点多，再之后的五年规划是百分之四点多，发展速度降低已经是现实。

我看过一篇文章讲，日本有一个经济中心对世界的宏观经济做预测，每年都会出一份报告，其中一个重要的话题是中国何时超越美国。在全球一体化的框架下，原来的乐观预测一直是在 2028—2033 年，无论偏乐观还是偏悲观，但总体上大家都认为不会太久。但 2022 年 10 月，这个机构出了一份报告，讲到逆转不存在了，这份报告给出的原因是：一是老龄化比过去预测的要严重，这是中国经济的变量；二是中美事实上的脱钩趋向使中国在获得世界支持上需要更长的周期；三是连续较长时间的新冠防疫政策、公卫政策可能使中国人的观念发生了改变，中国人过去的观念是扩张向前，现在则可能产生观念性的变化，人生态度变了。

所谓归属于企业，是指企业需要我干什么我就去干什么，遇到结构性机会能重新调整自己的学习能力，按照企业的需求适应环境。

宏观经济低速增长这个现实会决定企业的增长方式，对企业来讲意味着总量的机会减少了。过去是站在黄河的源头，哪怕开的是皮划艇，只要不翻船，就可以漂流。现在是在一个湖面上，你没有自己的动力，就走不动了。这个时候企业面临的是结构性机会，而结构性机会一定是建立在能力上的，获得能力是一个长期的过程，**对企业来讲，定力就是在哪些方向上建构核心能力，**但这个能力一旦建构成功，又会限制你所干的事情。

企业现在要怎样保持定力？一个总体的定力是从热血到理

性，过去若干年中国企业都强调热血，要敢干敢冲，要有狼性。现在中国大部分有社会影响力的企业都产生在 1992 年前后，这些企业都年过三十了，所谓而立之年，即将“人到中年”，这个时候要从热情转入到企业理性的力量。

企业理性的力量从哪里来？我认为有三点。

一是战略上要有定力。不要在对比中活着，不是说你一定要占据比别人更多更大的机会，而是要找到自己安身立命的领域，在这里面建构自己的长期能力。别人有别人的活法，我有我的定力，当别人周边产生了机会，他可能就起来了，而我周边产生机会我也就起来了，不要“这山还望那山高”，这就叫战略定力。

二是引入科学的管理。管理还是要讲科学，所谓的理性力量一定建立在科学管理的逻辑上，而科学要探寻企业的规律。战略怎么定、怎么看机会、组织怎么建、管理系统怎么建，要找到这里面的规律，然后在规律上做事，不要靠偶然。

三是有清晰的价值观。理性力量建立在清晰的价值观之上，以前中国的企业价值观不清晰，在场景当中去调整自己，现在则要建立理性的力量，因为很多情况在你看不清、看不清的时候就必须依据自己的价值观作出决策、作出判断，然后周边机会出现的时候才能够捕捉得到。

意义：重构信念系统

什么叫意义？疫情三年，中国人遇到的最大冲击实际上是数十年来建立的信念系统，我们相信的东西在这三年当中被考验了。比如我们相信改革开放给中国带来的活力，我们不认为改革这条路会停止，开放这条路也不会停止，我们受到的教育都是全球一体化不会逆转。尤其在中国的企业家里，我们相信基于法治的市场经济这条路会走得更远，中国这么多年的法治系统逐步成熟，法治在逐步强调，市场经济在活跃。我们也相信纠错机制，尽管过程当中有过摇摆，那么多年也有一些事件的冲击，但是很快纠错，这个趋势是向前的，哪怕有一些问题，也只是长江黄河的一个小旋涡，旋过去以后就走了。

但这几年，中国人受到的冲击不小。比如，中国人的底层价值观是相信自己一定会富起来，贫穷这么久了，我一定要抓住很多机会富裕起来，这么多年只要有利于大家富起来，啥事都好谈，但这个价值观受到了冲击。比如，中国人的人生观是活得有劲，“君子自强不息”，只要我们积极进取，可以为未来作出牺牲，相信未来，就一定有未来。中国人一直在为未来作出牺牲，但这三年，风险根本不可预见，我们活在被动和灰头土脸当中，我们对环境束手无策，不知道往哪儿表达，不知道做什么……

我一直认为，这不是对错，而是被动。当任何一个人面临着被动局面的时候，就会重新寻找生命的意义。我们无法征服自然界的时候、没有科学的时候，就信宗教，这也是给自己一个合理的解释。当我们遇到很多不可控的变量的时候，中国人必须在自己的信念系统里寻找自我。就是说信念系统要重构，要关心自己，要活在逻辑自洽中，不能活在你无法控制的逻辑当中，这叫重构信念系统。

稳字当头下，业务要准、组织要活、人员要精

作者｜李志华

只有时代的企业，没有成功的企业，企业要审时度势、洞察先机、顺势而为。2023 年是后疫情时代的开局之年，虽然大势向好，但是面对的内外部环境有诸多的不确定性，企业要迎难而上、未雨绸缪，方得始终。

当前面临的主要不确定因素

第一，贸易保护主义。从国际上来看，现在以美国为首的贸易经济强国都在出台一些看似是全球化实则是贸易保护主义的政策，构建“隐形”的贸易壁垒和贸易打压，比如产业转移、芯片封杀等。从国内来看，国家在不断颁发刺激经济的政策，鼓励创新，提高企业竞争力，特别是在新能源、新技术、新材料等领域，国家陆续出台相关政策，并已达到一定的效果。比如，2022 年中国汽车产量 2600 多万台，美国 1000 多万台，印度 360 万台（印度的产量超过了德国和日本），国产汽车不仅成为国人消费的重要来源之一，而且成为世界车辆出口大国，特别是比亚迪一举超过特斯拉，成为 2022 年世界最大的新能源汽车企业。所以我们要看到新产业中的“中国力量”和“产业机会”。

第二，地缘政治复杂。俄乌冲突没有缓解迹象，伊朗多个城市受到无人机的轰炸，土耳其和叙利亚地震后不同国家救援的态度等，让世界看到本国利益至上，世界还不太平，各种矛盾错综复杂，战火一触即发。特别是中美关系在博弈中面临巨大的不确定性，比如美国国务卿推迟访华，众议院院长上台后的第二天就专门设立针对中国的研究部门等。

第三，消费心态改变。疫情过后，很多人消费变得更加谨慎，

1 月 M2 增速 12%，超预期，而居民存款同期也继续增加，消费动力不足。后疫情时代，国家出台的刺激经济政策与消费者求稳心理产生了矛盾，影响消费预期，经济拉动效果变缓。比如北京 2022 年到 2023 年出台各种房贷政策，2023 年 1 月虽然整个房产交易量达到了 2017 年的同期水平，但是很难出现以前的“抢购”现象，这种矛盾的统一体还会在其他领域中持续发酵。

面对这样的环境，我们要理性地分析，基于后疫情时代的消费观念和外部环境发生了哪些变化，企业要想清楚、搞明白，我们到底是谁？消费者真正需求是什么？我们真的能够满足消费者吗？客观冷静地思考、重新定位，才能整装待发，找到位置，抢占市场先机。

基于以上的判断，2023 年我送给企业一个字，那就是“稳”。“稳”不是慢，稳是让我们想清楚、看长远、做明白、行得稳。要坚持长期的价值主义，要回归本源看现象，稳的目的是要重归经营的本质。

稳是非连续性成长逻辑

稳是一种非连续性的商业逻辑、商业模式的再构，而不是传统惯性思维的线性增长，企业要敢于抛弃机会主义下的“野蛮增长”，建立集约化内涵式的高质量增长。企业在发展过程中最大的敌人是自己，传统的惯性思维、增长方式往往成为持续发展的最大绊脚石，非连续性增长对企业家来讲是个挑战，是一场自我革命，一旦突破，潜力无限。

非连续性增长的本质到底是什么？非连续性增长逻辑要用第一性原理来思考，企业要回归事物的本质、按照基础性的原理，从而和“经验性的规律”加以区分，也就是如同剥洋葱，层层入里，找到最原始的那个内核，那才是一切商业活动的“初心”。马斯克利用第一性原理将 Space X 公司发射火箭的成本削减至原本的 1/10，而且还能够赚一笔。

按照第一性原理，围绕经营的本质来开展，经营的本质又是什么？我不敢轻易下定论，但是可以用优衣库的创始人柳井正的话来说，经营的本质是结果，结果的本质是价值，价值的本质是利润，利润的本质是收入最大化，费用成本最小化，人员效率最高化，实现这“三化”，就是经营的本质，就是影响结果的经营“三要素”，就能够抓紧经营的要害、牛鼻子，获得可观的利润，实现持续的增长。

那么对于企业家来讲，2023 年要回归经营的本质、按照第一性原理的非连续性增长逻辑，业务、组织与人实现“三要”：业务要准、组织要活、人员要精。

业务要准、组织要活、人员要精

（一）业务要准

在“产品稀缺”时代，很多企业是靠机会主义乘上中国经济高速增长的列车来实现“野蛮增长”。在后疫情时代，“产品过剩”成为时代的主题，很多企业产品没有差异化，在消费者心中没有位置，靠的是广告战、价格战、资源消耗战。企业靠模仿、抄袭等逆向方式来开发产品，自己都讲不清楚自己产品优劣势，把企业简单理解为做生意赚钱，从而丧失企业竞争力打造，最后沉没在市场中。

2023年企业要给自己重新定位，找准位置，要成为一个品类或者品牌的代言人，成为细分市场小巨人。

2023 年企业要给自己重新定位，找准位置，要成为一个品类或者品牌的代言人，成为细分市场小巨人。

企业虽然不要成为机会主义者，但是要善于结合自己实情抓紧产业机会或者风口，通过与竞争对手优劣势比较，差异化找到自己的位置，在细分赛道中，要么是 No.1，要么是 Only one，至少是前三位。

聚焦、专注，找到自己的定位，围绕主营赛道，深耕细作，做深、做透，说起来容易，做起来难呀！我服务过的一家企业，虽然 2022 年的战略主题是“聚焦”，但是在这“聚焦”产业中又细分 3 个领域，每个领域又有 2 个方向，最后实际上是“6 个经营赛道”，聚焦又变成“小而全”，赛道选择是一种痛苦，放弃更是一种痛苦，手心手背都是肉，**战略定力不够，战略不是加法，而是一种取舍。**根据年终数据，这家企业虽然销售额 15 亿元，但是 6 个领域都做得不大，更不强，而且年度综合利润为负。所以我认为，在后疫情时代，企业要顺势而为，在业务上一定适合自己的能力，要专注、聚焦，不能广撒网，在产业取势上成为细分市场的冠军。

（二）组织要活

“活”分成三个层面去理解。

第一个层面是活力。组织要是没有活力，庞大后一定会僵化，效率下降、人浮于事、内耗增加。如何激发组织活力？就是要划小经营单元，构建能够“同呼吸、共命运”的若干经营小组织，比如华为的班长制、美的的事业部改造、海尔的SBU自主经营体，包括还处于孵化阶段的SDU（战略发展单元）等能够实现独立核算、自主经营、自负盈亏的小组织。

第二个层面是效率。目前组织遇到最大的问题是协同性差。不管是流程型组织，还是客户型组织、矩阵式组织（包括PMO），不仅是组织职能的划分及授权与分权的问题，而是建立面向客户的跨部门协同组织，提高协同效率。

第三个层面是张力。传统概念中一个组织的总经理管多少个副总，一般不超过10个，最多不超过15个，这样大企业很难压缩管理层级，实现扁平化管理。随着数字化时代，借助数字化手段和工具，去中心化，倒三角组织架构，管理的层级可以大幅度减少，大企业也可以实现扁平化，组织的张力大幅度增加。

数字化时代，组织要有了效率、张力，活力就被激发出来。后疫情时代，企业要基于自身情况，自我不断强化，实现效能提升。

（三）人员要精

人是价值创造的核心要素，也是经营成本和管理内耗的最大来源，人工智能虽然可以减少部分作业人员，但是永远不可能代替人力资本。在疫情前，中国不少企业创新力不足，人均产值不高，人工成本过大，在后疫情时代，合理的定岗定编，减员增效成为企业重要的命题，企业既不能冗员，也不能一味减人，造成后备人才不足。所以要统筹规划，提升人力资本价值，做到“人员要精”。

一是思维上要精敏思变。人员思维上不故步自封，敢于迎接挑战，正如华为人力资源纲要 2.0 版本有一个非常重要的词，叫洞见力，不是洞悉而是洞见，就是既要有洞察，又要有见解。2023 年中国经济的增长，第一季度发展势头向好，我预测第二季度逐步恢复，第三季度、第四季度有可能达到疫情前水平。这时候我们不能简单地说 2023 年经济增长会怎么样，而是切割成四个季度，划小经营计划和考核时间段，这对人员的要求就会更高，需要我们不断学习、洞见先机，与时俱进。

二是结构上要精干高效。借助智能化、数字化工具，减少重复低效工作岗位，通过技能培训，优化人员结构。同时也可以通过机制建设，比如 3 个人干 5 个人的活，拿 4 个人的钱，倒逼提升全员劳动生产率。山东的一位企业家和我沟通，2023 年要实现全员绩效，凡是不能考核和评价的岗位都要撤除。我不去评价这句话是否准确，但是至少体现出“人人创造价值”“人员要精干”的思维。另外我参与湖北一家千亿级公司的人力资源规划，在未来的五年中，产值每年 10% 增长，优化人员结构，人员数量每年却按照 15% 下降。所以精干高效，要体现在结构上、数量上。

三是质量上要精兵强将。兵不在多而在精，将不在勇而在谋。未来一定是精兵作战，如何精准选人？正如任正非认为，如果随意选人，机会成本会变得非常高。因为选对人，叫事在人为，选错人，叫事与愿违。如何精准育人？可以采取“231 策略”，即 1 年试用期后 20% 的人淘汰；3 年期前 20% 的人加速培养；10 年后要建立分界线，有能力和冲劲的人晋升或者轮岗，没有能力或冲劲的要换岗或退出。如何精准激励？基于人性特点，要个性化的精准激励，**激励到位了，不是人才也会变成人才**。正如杰克·韦尔奇所说，“任何一家公司如果想要获取竞争优势，就必须让每个员工都保持敬业。”而精准激励是提高员工敬业度的有效手段。

通过以上分析，我用老子《道德经》的几句话来总结，那就是“动善时”“大象无形”“大器晚成”，即在后疫情时代，企业要不断地去看大势、取大势、顺大势，按照第一性原理，回归经营的本质，最后能做成事、成大事。因此，2023 年我们要保持谨慎乐观，“稳中求进”，不断复盘、精进，最后一定“赢”。

保持客观，适应环境，先守正再出奇

作者 | 张小峰

我有两个基本的视角。

第一，我们到底要改变环境还是要适应环境？其实我们无法改变这个环境，要能够适应这个环境，在环境当中找到自己的机会。第二，我们的心态到底该悲观还是乐观？我认为更精准的说法应该是客观，不应该盲目的悲观，也不应该盲目的乐观，要在适应环境的背景之下，来看机会到底在哪里，短板到底在哪里，应该提高自己什么样的核心竞争力。

疫情时代也好，后疫情时代也好，企业要做的事情是一样的，还是要找到战略机遇窗，要找到市场，找到客户，要持续不断地创新，要依靠人才。环境再怎么变化，我们该干的事其实没有发生本质的变化，导向没有发生什么变化，只是机会变少后，对于我们的组织能力，对于我们的竞争力，提出了更高的要求。所以还是要守正，在守正的基础上做到以下几点。

第一，战略要适配。你的战略一定要适配技术的发展趋势，适配时代的发展趋势，适配客户的需求和市场的需求，以及市场上的竞争格局。当然，战略也要适配自身的组织能力。在这个背景之下，战略没有原来那么宏大了，更加微观了，更加关注从目标层面到战术层面，更加关注这个事到底应该怎么干，应该如何实现。所以目标虽然重要，但是你的路径、你的解码任务、关键的胜仗、具体的措施其实比目标更重要。

第二，组织要向上。一是在组织层面一定要向上承接战略，不论是整个新业务的开拓，还是老业务的分利，要开拓一个新业务，必须要有一个专门的组织设置，要开拓一个新领域必须要有一个新事业部。二是组织在发展过程中一定要加强职能的发育，很多企业里面有部门的设置但是没有职能的发育，建了市场营销部，建了技术研究院，但是没有相关的职能，这叫空有组织却没有带来相应的价值。三是组织要提高效率，在高质量发展时代本质上是效率之争，在所有的资源条件下，我的效率比你高，我的竞争力就比你强。四是加强协同，你的组织如果纵向发展得太快，你的山头，你的割裂，你的组织多角化反而不利于整体的发展。

第三，文化要向下。很多人提出文化要向上，但是我觉得文化要向下，要真正把所有人融合起来，要真正有全员性的凝心聚力的价值。这个过程当中，在中层、在基层，大家可能没有那么关心使命愿景，更关心的是怎样拧成一股绳，“人心齐泰山移”，大家只要跟着前面的老板和高管，虽然不知道使命愿景是什么，方向也不是那么清晰，但是跟着一起干，在一起干的过程中有希望从而凝心聚力，其实比方向更重要一些。文化的整个顶层设计、系统思考很重要，但是文化向下的凝心聚力更重要。

第四，在人才层面，要格外关注顶尖领军人才。核心人才是大家十分关注的，但核心人才的价值远远要小于领军人才的价值。现在企业里面一定要关注领军人才，顶尖的科学家、顶尖的管理架构师、顶尖的市场大拿，这些人一个能顶一百个，抓住一个这样的人，整个企业的突破就能够实现。

第五，在机制层面，不要放大机制的价值。过去我们总是觉得多分钱，把机制设计好，搞一个合伙人机制，企业一定能够发展起来。后来我们发现，什么机制都上了，结果企业并没有带来业绩上的突破。所以不要放大机制的价值，更多的是要放大组织和人才的价值，我们要关注组织，因为没有这个部门这个事就没人干，没有这个职能这个事就没人干。

最后，在现在的环境下，不要再提指数级增长这个概念了，踏踏实实可持续增长就行了，指数级增长本身就是一个伪命题。

学会释怀，树立“三信”，靠内功成长

作者 | 孙健敏

刚才讨论到人才的话题，有嘉宾说到组织要着力解决顶尖人才的问题。我的观点是，顶尖人才不是组织培养出来的，也不是管理管出来的，一定是自磨成才的。比如，彭剑锋是独一无二的，我一直在暗暗地追随他的脚步，但是我成不了彭剑锋第二。任正非也是一样，不是能培养出来的，组织解决不了这个问题。我的观点恰恰反过来，组织要去解决的是 80% 的规律性的问题，这是组织管理要去解决的问题，而不是那 20%，更不是 5% 的顶尖人才的问题。

规律性的问题解决好了，它就是平台，是基础，有了这个“土壤”，这些顶尖人才才可以更好地发展；没有这个土壤，这些所谓的顶尖人才、领军人物也会冒出来，只是相对来讲他冒的时候可能更艰难一点，在夹缝里生存。比如褚时健、马云，哪一个是学校培养出来，哪一个是组织把他打造出来的？最近我们也在反复说，中国找不出第二个美的，方洪波离不开何享健的栽培。中国也找不出第二个华为，那些跟着任正非打拼了 30 年的左膀右臂现在仍然是铁杆，仍然是左膀右臂的，你找不出第二个公司来的。我们要去研究的是这个问题，即顶尖人才如何与组织相互成就的问题，而不是去研究任正非，你学不了他。

我特别要说一下这个问题，是想表达一个看法，就是我们开这种讨论会很好，很多事情可以讨论，可以有不同的说法，但是一定要有证据。观点就是一个嘴巴，每个人都有一个，甚至多个，那谁的正确呢？得拿证据来，叫实证研究也好，学术论证也好，得有证据。遗憾的是现在我们有一种文化，讲身份，不讲证据，要么“人微言轻”，要么“一言九鼎”，这是一种不好的文化风气。

这个是我的一个开场。因为今天的主题是疫情、国情、亲情，“‘三情’之中的组织与人”，我刚才在听各位老师的发言时，也在整理自己的思路，如果一定要加个“帽子”的话，我就从人的角度来谈，所以刚才谈到了顶尖人才的问题。宏观上讲也有人的问题，接下来我还是从人的角度讲一下“三怀”，对应“三情”：疫情对应的是释怀，国情对应的是胸怀或者是情怀，人情对应的是关怀。

学会释怀、拥抱情怀、真诚关怀

释怀是什么意思？**释怀体现在把事情看淡一点。释怀不是视而不见，而是能够放下；不要总是纠缠，而是要用科学的态度和方法看待和解释现象，而不是被动地应对或者顺其自然。要去探寻真理。**或者说，要有建立在科学和真理基础上的一种认识和信念，这是现在全球都缺乏的。

比如在新冠肺炎疫情到底是什么、它是怎么传播的、应该怎样去预防等问题上，作为决策者来说，要制定预防措施，就不可能单纯地只从科学的角度去考虑，不可能不考虑政治的因素、经济的因素、国际环境的因素等。这里面就有怎么样去平衡的问题。这个时候企业家要淡定，要释怀，要回归本质，而回到企业的本质就需要进一步解释企业的本质到底是什么。很多人说企业的本质是赚钱，我不完全认同，企业的价值肯定不是只体现在钱上，但是企业不赚钱就跟非营利性组织没有差异，这个不展开谈了。

释怀对所有人来说都非常重要，对于个人，我们也不要过于强调疫情的影响，或者说伤害，毕竟一些影响已经造成了，不夸张也不回避，接受它就好，尽快回归到正常，回归到平常心。

胸怀或者情怀体现在道义和责任上。迈入后疫情时代了，我个人觉得疫情告诉了我们一个非常重要的，也是老生常谈的问题：**人是离不开所处的社会环境的，小到家庭，中到社区，大到民族和国家。**这次的疫情让所有人非常深刻地感受这一点。人是离不开社会环境的，这是人的社会属性，你没在家里待着的时候你觉得上班很累，等让你在家待着的时候就觉得和社会失去了联系，就会到处联系人说“我们什么时候聚一下吧”。讲胸怀，是讲人要有责任感，企业要体现责任和道义，一定要考虑这个组织、社区、国家，乃至民族，但是要防止民族化，不能过于强调或者突出国家或者民族的特殊性。虽然现在不怎么提国际化，但新冠肺炎疫情的全球蔓延也告诉我们，全球化是不可抗拒的。

关怀体现在友善和真诚。去年年末，彭老师给我发了一个微信，问我身体怎么样，我才得知他感染了，但他想着的是来问候我，我心里面一下子感到很温暖……这是发自内心的、真诚的情感。越是环境艰难的时候，在同事之间，在朋友之间，人和组织之间，彼此多给予友善与真诚就越是重要，相信在疫情中每个人对此都有所体会。

> 讲胸怀，是讲人要有责任感，企业要体现责任和道义。

重塑信心、再造信任、打造信仰

面对疫情，不管是在组织层面还是个人层面，我们都要反思和总结。疫情这三年，究竟告诉了我们什么？带给了我们什么？往后我们怎么办？

1. 定位定好了你才会有自信

这就是谈到了未来，在没有系统的研究的前提下，谈未来怎么办容易陷入空谈，所以现在主要是看可以从中汲取什么样的经验教训。

据我自己不系统的观察，即使面对疫情，同样是餐饮企业，也有做得好的。比如中式快餐连锁店“南城香”，老板叫汪国玉，这个品牌在北京成立 20 多年了，就是在社区做烤串儿、馄饨，几乎所有餐饮企业都在疫情期间不景气的时候它逆势而上。75 平方米一家店，一个店一个店地开，就是开到社区里，满足了社区老人就餐、家庭便利就餐的需求。所以，这里核心的东西是，你做的事情当然是要赚钱，但你做的事情是不是真的是客户导向、消费者导向？首先你要通过为顾客提供服务然后再来赚钱，而不是从赚钱的角度设计服务或产品，这都是经营管理老生常谈的东西了。

疫情期间海底捞的裁员现象，以及在 2022 年 3 月上海疫情、2022 年 12 月北京疫情最严重的时候，物流快递业出现较严重的滞后问题时，京东迅速在全国组织快递员志愿挺进疫区做支援，等等，这些情况我们要去分析一下，**环境出现大的变化时，为什么有的企业措手不及、有的企业可以坦然面对？**这背后又说明了什么问题？

为什么会有这样一些人，或者这样一些组织在面临挑战的时候能做更好的应对？大家都说，挑战也是机遇，危机也是机遇，到了操作层面，怎么就有人把这个挑战真的搞成了机遇呢？能不能把它复制，放大一下呢？

具体从企业的角度来讲现在是两方面，一个是定位，一个是出路，先解决定位的问题，再解决出路的问题。

具体怎么定位不详细说了，我说一下定位背后的逻辑。刚才大家说了使命宗旨：你是谁？你为什么而来？但要定好位，还要往下走，你能干什么？比如我们六个人里面（指中国人民大学当年为华为起草基本法的六位教授，媒体称为“华为六君子”。——编者注），我把剑锋作为兄长、师友，更是作为楷模。我分析了半天，他的优势是我不具备的，我永远赶不上，但我若要对他有用，我得有价值，得能增值，他才能找我合作。那我的价值在哪里，怎么让我的价值增值？我只是举这个例子来说明定位。在企业里，道理一样的，华为也好，TCL 也好，企业光说自己到底是谁还不行，光说使命和宗旨还不行，还要往下走。要想清楚你能干什么，只有把这个问题想清楚了，把自己的位定好了，你才能有自信。

2. 有核心竞争力就会有自信

自信是建立在对自己优势和劣势的客观评价上的，不是只看到自己的优点，而对缺点视而不见。坦然接受自己的短板，然后去扬长避短。风口上的猪也好，抓机会也好，很多企业其实并没有解决核心竞争力到底在哪里的问题。我们当时在华为虽然没有用核心竞争力这个词儿，但我们在讨论：我们为什么成功了，让我们成功的东西能不能继续下去，继续不下去的话未来我们还需要什么。其实这些都是围绕着所谓核心竞争力展开的，没有自信不行，过度自信的话不妙，容易走偏了。

这个时期我认为企业要用到华为的自我批判，任正非的说法是非常深刻且有远见的，就是整个组织的自我批判应建立在旁观者的角度上，因为旁观者清，当局者迷，要从旁观者的角度来分析企业做到今天，企业家个人做到今天，究竟靠的是什么东西——在多大程度上是因为风口，在多大程度是因为我真有“飞行”的本领，然后及时纠错。**及时纠错和自我批判是组织必须建立的两个基本能力，在这个基础上建立信心和信任**。

李志华谈到过信心和信任，苗兆光用的是“信念”，我用的是“信仰”，信心、信任、信仰，建立“三信”涉及如何看待和处理“三个关系”，第一个是和自然的关系，第二个是和事业的关系，第三个是和社会、组织、政党的关系。人生的意义是从如何看待和处理这三个关系这儿来的。对组织来讲也是如此，组织的意义来自成员的志同道合，道不同则不相为谋。企业要建立“三信”，处理好这三个关系，才能解决人和组织的关系问题。

信心，从企业的角度来讲，不管是做什么产业，我们的客户可能变了，我们的市场竞争环境可能变了——不管是受美国制衡影响，还是全球化逆转的供应链问题，消费者需求中的基本规律并没有变。比如，中国人口增长减缓，老龄化加速会影响很多领域里的产业方向的选择，产品的优化，是不是从中可以抓住基本的需求，变成企业新的机会？这些企业老板并不是想不到，而是想到后未必可以抛弃一夜暴富卷着钱就走，或才 IPO 一下卷了钱就走的想法。所以说，“三信”才是根本。

企业应该树立信心，强化本土化，把你服务的对象服务好，新冠肺炎疫情三年，加上美国的“卡脖子”，我们已经认识到了企业发展不一定就是国际化这一条路，国内市场各个领域都有可以改进的空间。技术上你可以全球领先，但是在市场和管理上必须结合本地的特色，或者说是文化、制度、政策等，把它用好。在这个基础上建立核心竞争力，做力所能及的事情，不要盲目追求创新、弯道超车、换赛道。我不是否定这些，而是这些是头部企业做的事情，大多数的企业不是头部，是腰部，那么就老老实实做好自己，做专精特新，做隐形冠军，守好你这一亩三分地。

概括一下，从企业的定位与出路来讲，如果说改革开放以来，前 20 年中国企业是野蛮生长，后 20 年是走捷径成长，**那么未来 20 年必须是靠内功成长**。你可能会成长得慢一点，但是你只要守住这一亩三分地，就像下围棋一样，你不会被斩尽杀绝的，两口气做活了，虽然你会输，但是你还活着，活下去是前提。这是从组织能力的角度来讲。

组织中的人，组织中的个体也面临着两个问题，一个是心态问题，一个是认知问题。

能力的建设要靠自己的真本事，而且个人能力和组织的能力建设是一个长期的过程。观念的转变可以是一念之间，但是能力是需要长期积累的过程，个人需要积累，组织就更需要了。

3. 心态与认知

组织中的人，组织中的个体也面临着两个问题，一个是心态问题，一个是认知问题。

认知有两个关键，**第一是要区分开规律和特例**。刚才开场时我讲了，企业家人才是特例，而我们要研究的是那 80% 的人的成长规律。从认知的角度要注意区分规律和特例，你能做规律的事情就做规律的事情，你能够成为特例就努力成为特例，成不了特例的话，我们还有一些政策可以让 80% 的人也活得比较好，也能得到成长的机会，这是我们要去做的事情。

第二要区分你的成功走到今天是靠机会，还是靠内驱力。毛泽东说，内因是根本，外因是条件，有的时候人取得一定成功后盲目自信，根本上是没有分清楚到底是外因使然，还是内因驱动。不管是在什么年代、什么条件下，只要想做成功一件事，都会面临很多困难。我们那时在华为做基本法时，其实也面临很多困难，因为北大、清华有水平的教授多的是，而且他们也表现得非常有“主见”，但是作为项目组长，彭老师从来不发牢骚，从来不抱怨，这是成功人士的共同特征。不管是个人，还是组织，成功有偶然性，但也有规律性的东西，我们要研究的是规律性的东西，然后传承下去。无论是疫情还是其他什么突发情况都超越不了的规律性的东西，你必须很好地去传承。

概括一下，我的观点是，后疫情时代，**组织与个人都应重塑信心，再造信任和打造信仰**。信心是解决定力的问题，做力所能及的事情。信任包括对政党、对制度、对市场、对客户、对利益相关者的信任，相信总会好起来，只是发展得快和慢的问题。信仰是人和自然的关系问题，我们太渺小了，还是要珍惜生命，要有科学的态度，要有敬畏之心。

在“三怀”“三信”的基础上，做认知的改变。改变认知有两个办法：第一个是辩证思维，任何事物都要一分为二，好事会变坏事，坏事会变好事，福兮祸所伏，祸兮福所倚；第二个是落地思维。想到和做到，知行合一这是需要下功夫的。

这几年我一直感慨，很多先进的理念、经验大家不是不知道，而是做不到。为什么做不到？没有往下操作，轮到自己的时候就叶公好龙，自己不能把自己先放下去。这几年大家都在传播，说任正非说了，没有退路就是胜利之路！但是这个事情不是那么容易做到的。能不能在“再坚持一下的努力”之中获得胜利？能不能在艰难时刻仍然保持信念、信任？

从组织的角度来讲，没有退路就是胜利之路，任何事物都不是一帆风顺的，都是一分为二的，好的时候要想到不好，不好的时候要有乐观的心态，都不能走绝对化。

从个人，尤其是企业家的角度来讲，还是回到我们老祖宗说的两句话：格物致知，修身齐家治国平天下。要把优秀的理念在组织内落地，先把现有的知识和经验做一个梳理和分析，我们今天的成功需要重新来评价。格物致知，真正用理性、科学的态度来说清楚；修身、齐家，企业家如果真的做得非常合规、守法，能够做到自己很坦然，走到哪儿去一定像一个“磁场”，像一个“吸铁石”，让人不由自主地想向他靠拢，这就是企业家的魅力、影响力。

薄利时代，企业运营管理的五个重要动作

作者 | 彭剑锋

人生是一种缘分，我跟健敏（指孙健敏教授，“华为人大六君子”之一。——编辑注）是同一代人。一生中，真正同一代人能够三四十年来没走散，平时也没有太多交流，但每到关键时刻，就不由自主地惦念，一旦聚到一起就能相谈甚欢的人，真是屈指可数。尤其是我们已到了六七十岁了，一路同行真的没剩下几个人了。

人生的这种缘分、这种际遇，我觉得是上天给的，所以我特别珍惜跟健敏、春波、包老师几位的缘分，叫“六君子”也好，叫“六人行”也行，总之能够在六七十岁时，我们还能坐在一起论道，坐在一起喝茶、交流，这样的情况恐怕在全中国也找不到几个。有人就曾问过我：你们“人大六君子”，都是牛哄哄的学者，都很有个性，怎么能够做到几十年的友谊不变，还能在一起交流、共事？我们这帮老哥们儿的确各有特色，每个人都有自己的能力特长，而且还能够在我们这个团队中把自己的能力特长发挥到极致，我觉得这就是人生最大的幸福！

另外，华夏基石的文化精神还是很好的，越是危急关头，越是企业最困难的时候，我们越能创造思想，并且富有激情。大疫期间，很多咨询公司都熄火了，我们的顾问在坚持创作和思考，推出思想和观点；我们的媒体平台也一直没有间断，坚持召集讨论、传播信心和希望，这就代表了华夏基石这个公司的一种文化，一种激情。这是今天的一个感慨。

当前企业经营的四大挑战

回到今天的主题，我很赞同前面几位讲到的一些观点。疫情、

国情、亲情，还是讲形势，那从企业面临的形势来讲，2023 年，中国企业实际上仍然要面临四个方面的挑战。

第一方面的挑战是如何学会在宏观经济低速运行和低迷时期，寻求企业新的战略成长机会、生存能力，以及寻求新的战略发展机遇。过去我们学会了在高速发展时期顺风顺水地成长，你只要跟着感觉走就行了，胆子大就行了。现在要逆水行舟，要真正在逆周期提升生存能力，在逆周期中寻找结构性的发展机会。这对中国企业是一大挑战，**这不仅需要企业家要胆大、有抓机会的能力，更需要企业家具备洞见能力，在结构中寻找洞见力**，在别人看不到机会的时候能够寻找到机会，能够逆水行舟。这实际上对中国企业家的洞察力、抓机会的能力提出了更高的要求。

第二方面要学会在产业平均利润率降低条件下，即薄利时代实现赢利。企业不光是生存的问题，还是需要利润，实现赢利。我一直认为，现在整个产业的平均利润率越来越低了，因为中国绝大多数产业都已经成熟了，成熟了以后的发展趋势就是产业平均利润率越来越低。中国企业过去学会了在一种暴利条件下的生存能力，现在则要学会在连续性的平均利率降低的条件下还能赚钱的能力。这个能力对中国企业是一大挑战。

过去产业利润率高的时候，可以“暴饮暴食”，现在要在薄利时代生存，且能赢利，这是要真正靠内功的，真正要靠内在的管理能力，而不再是靠抓机会。

薄利时代，你比别人成本更低，质量更好，性价比更高，你就有利润，最后能活下来的也是你。我一直在讲，坏行业有好企业，好行业有坏企业，这其实也是日本人的观念。日本人认为战略不重要，重要的是我比你做得更好，最后活下来的就是我，这是日本人一直以来的一个经营管理理念。中国经济发展到今天，尤其是在今天这种形势下，我们来看，日本人的这种理念还是对的。好行业里有坏企业，坏行业里也有好企业，所以战略不重要（或者说战略不是绝对因素）。

当然，美国跟日本不同，美国的管理学更侧重于战略，抓机遇，导致了美国抓住了互联网，日本企业就是因为工业文明做得比美国好，但是因为不看战略，只埋头苦干，所以在互联网时代落伍了。但纵观企业发展，不管是在什么样的形势下，企业拼到最后恐怕还是拼在平均利润下的生存能力。

第三方面在整个营商环境变得越来越规范的时代发展潮流中，企业需要刮骨疗毒，重革重启，文明成长。过去高速成长时期，也是企业野蛮成长时期，民营企业总体上说还是狂躁、傲骄，不把客户放在眼里，不把政府放在眼里，不把员工放在眼里……中国企业要从野蛮生长到文明成长，就得靠规则牵引，靠依法经营、合规经营，靠赚“阳光体制”的钱，这对中国企业是一个巨大的挑战。我接触的大老板算是很多的，除了何享健、任正非、曹德旺等几位，真正能够认清自己的可以说屈指可数，绝大多数中国头部民营企业（包括互联网企业在内）都太狂了、太膨胀了，就是因为过去的成功太容易了，不把客户放在眼里，不把知识分子放在眼里，不把政府放在眼里。所以这两年很多大企业之死，究其根源是死在自我膨胀上，是膨胀而死、纵欲而死。2023年，中国企业如何真正开启文明成长，有节制地成长，控制欲望地成长，这是一个挑战。

> 长期价值主义需要企业家真正有战略定力和耐心，做好长期的事情，追求企业的长期可持续发展。

第四方面的挑战是民营企业还需要找准自己的定位，做精做强、做专做好，不一定非要追求做大。党的二十大提出了中国式现代化，在中国共产党领导之下的市场经济和有为政府、政党融合的环境下，中国企业家还是要认识到这种现实，民营企业家还得学会“在夹缝中成长”，找准自己的定位，在细分行业和专精特新领域做出“大江大海”，这是未来必须要认识清楚的。民营企业要在“夹缝”中做到最好，在细分领域做到最好，干国有企业干不了、干不好、不愿意干的事情。这个市场我认为未来仍然是半壁江山。

很多产业，比如搞快递、餐饮等服务业的，民营企业天然地比国有企业具有优势。近半年来，为什么政府通过各个渠道一直在强调民营经济发展的重要性，要弘扬企业家精神？因为单靠国有企业解决不了就业问题，解决不了社会稳定的问题，不给民营企业以信心，不有利于民营企业的发展就动摇了国之基础，就动摇了党之基础了。我还是相信我党是有智慧的，有自我纠偏能力的。方向盘往一侧打到一定程度的时候，就得往另一侧打了，要重新强调对民营企业的尊重，对民营经济发展的支持和鼓励。民营企业也不要怨天尤人，还是充分发挥民营企业家的创业创造精神，发挥民营企业的适应能力与韧性，找准定位，做好自己。

正如刚才大家提到的，我们没法左右环境，我们唯一能做的是做好自己，唯一能做的是回归到经营的本质，学会新的生存技能。

企业发展的四个关键词

从中国企业的底层逻辑来讲，从价值观来讲，我提出四个关键词。

第一，长期价值主义。这是华夏基石近十年来一直在说的，要坚守长期价值主义，从过去投机短期到真正贯彻长期价值主义，要让长期价值主义落地。长期价值主义需要企业家真正有战略定力和耐心，做好长期的事情，追求企业的长期可持续发展。

第二，创新向善。中国民营企业之所以遇到问题还是在“野蛮创新”，还是因为没有回归到人文关怀，没有回归到生态和谐上来，所谓“创新”都是围绕着如何赚钱而去的。我认为未来，创新向善对中国民营企业能否实现持续成功、发展至关重要。

第三，阳光照亮体制。过去我们喜欢黑箱运作，不讲规则，不阳光、不透明，未来在数字化时代，企业家要学会在阳光透明的社会竞争中生存，还是要建立阳光照亮的机制和体制。

第四，回归常识。今年我提出一个词叫“守常守，变应变”。守常守，第一条就是要尊重常识，现在我们回过头来看所有的企业最终之所以能够成功还是在于尊重常识，尊重规律。尊重常识，遵守规律，这一点对中国企业来讲仍然非常重要。

这是从底层逻辑上来讲，我认为就是这四个关键词要牢牢把握：长期价值主义，创新向善，阳光照亮体制，回归常识（“守常守、变应变”）。

运营管理的五个重要动作

从企业经营管理的操作层面来讲，我认为 2023 年中国企业要做这几项重要动作。

（一）自我批判，重建发展自信

三年大疫给中国企业带来了极大的问题，但是我认为还是要像任正非所讲的，从内部着手，从企业家和高管的自我反思开始，在自我批判中成长，在自我批判之中进行能力的升级换代。如果三年疫情给企业家和整个组织带来的是抱怨，这个企业是不可能成长的。

我认为还是要深刻认识到企业所面临的问题，深刻认识到环境变了，赚钱的模式变了。不光是企业家，整个高层团队，包括整个组织都要进行系统的反思，系统地自我批判。什么叫自信？自信就是敢于自我批判。一个人，一个组织能够进行自我批判，能够揭示自己所存在的问题就是最大的自信；自信不是吹牛，不是牛哄哄，敢于自我批判就是最大的自信。

三年疫情付出的巨大代价不能白白付出，它可以转化成我们重启成长的内在驱动力，不管是被动地自我批判还是主动自我批判，企业要开展对三年疫情的反思动作，同时要进行认知与思维的革命。因为时代变了，赚钱模式变了，企业所需要的能力变了，组织变了，尤其是在数字化时代需要新的认知，打造一个新的基于自我批判的高层领导团队和组织。

从我接触的企业家和企业来讲，我认为一个企业是否具有可持续发展能力，就看这两条：第一是自我批判，第二是企业家的学习能力。2021 年我去见何享健的时候，他说自己已经 16 年没参加美的董事会会议了，但是交谈下来，我发现他对行业的理解、对企业治理的认识仍然是富有洞见性与穿透力的，这就说明他是始终保持着学习能力的，保持与时俱进的。

企业家有自我批判精神就不会膨胀，企业家有学习能力就能永无止境、持续奋斗。

（二）致力于提升盈利能力

我们这几年跟发改委、国资委一起在做世界级企业研究项目，比来比去，发现中国企业跟世界一流企业最大的差距就是盈利能力，当然，四大国有银行除外。真正中国的国有企业，可以说没有一家盈利能力敢说是世界级的，即便是像华为这种企业，相比苹果，其盈利能力仍然是比较低的。**全球排在前 20 位的世界企业，其中一家企业的利润就是我们进入世界 500 强企业的利润之总和。**

企业没有盈利能力，怎么对人才投入？怎么对技术投入？怎么对管理投入？都是要花钱的，数字化转型升级也是要花钱的，花钱的前提是你需要有盈利能力。如果这个企业每天都有一顿没一顿、都是靠拼价格存活，怎么可能加大对技术、人才、管理的投入呢？

> 企业家有自我批判精神就不会膨胀，企业家有学习能力就能永无止境、持续奋斗。

所以，**致力于提升盈利能力一定要成为中国企业重启成长与发展的核心目标之一。如何提升盈利能力？**

一是要把盈利能力作为企业的一个重要的目标追求，因为盈利能力体现企业的持续生存能力，以及对未来资源的投入能力。

二是盈利能力还是来自产品与品牌的溢价，就是要做好产品，回归到产品，产品溢价来自技术含量，来自创新的投入。华为的盈利能力还是来自技术，不是来自别的东西。

前些天我写了一篇文章谈巴奴毛肚的产品主义，我跟杜中兵在理念上是高度一致的，就是坚持产品主义，而产品主义就是要坚持研发投入、品牌投入。后疫情时代，中国企业还是要走出去，还是要打造世界级的品牌，没有品牌，就是给别人打工。这两年我们提供咨询服务的几家企业之所以能实现逆势增长，主要原因在于始终致力于品牌建设，比如安踏、波司登，他们现在有全球的品牌影响力，安踏收购了国际化品牌，整合以后现在盈利能力很强。品牌是长期投资，技术创新也是长期投资。波司登的品牌能力来自全球顶级的设计师，安踏是直接收购国际品牌，加大技术投入，在品牌上绑定奥运会，舍得投入，它的盈利能力就强。所以还是要在品牌上加大投入，提高品牌的溢价。

（三）向管理要效益

管理就是竞争力。华为能花那么多钱对管理进行投入，因为企业竞争，最终是在平均利润条件下拼成本、质量、交付期、性价比，这是最基本的竞争要素。而这些最基本的要素就来自管理。一方面中国企业要回归管理规律，另一方面进行基于数字化的管理创新。

工业文明时期所谓的管理创新叫积累式创新、迭代创新，日本人从来不讲管理创新，华为也不讲管理创新，只讲管理改善。工业文明时期是这样，西方国家积累了一二百年的优秀成果，我们用拿来主义就可以了。但是在数字化时代，中国企业跟世界同步，基于数字化的管理创新基础，中国还是可以有原创的，要探索在数字化的推进过程中如何加速管理创新。

“管理与机制、理性与激情、规则与活力是一体两面，一个都不能少，也不能偏废。

一方面管理要积累，可复制，要尊重规律。比如在人才方面，孙健敏老师提到了一个很重要的概念，就是要尊重人才培养和成长的规律。比如企业家和顶尖人才绝对不是企业培养的，为什么一些公司强调选人比培养人更重要？就是因为企业家、顶尖技术、创新人才是培养不出来的。安踏是全世界选人才，波司登也是这样，全世界谁最好我用谁，没有这种魄力绝对不能拥有一支高质量的人才队伍。

事实上，80% 的管理效能是来自管理沉淀，来自组织能力，20% 的效能来自管理创新。但中国企业不太注重管理的积累和管理的可复制性，忽视 80%，只追求那 20%，这叫“捡了芝麻丢了西瓜”。企业家还是不愿意在管理上真正去投入，去做管理的积淀。

（四）激活组织，重构组织打胜仗的能力

企业的管理很重要，但是管理是建立在好的机制的基础之上，没有好的机制，很难做好管理。管理是理性的，它能解决理性的问题，但是它解决不了激情的问题，解决不了活力的问题，机制是解决激情和活力问题的。管理与机制、理性与激情、规则与活力是一体两面，一个都不能少，也不能偏废。不能强调管理重要，就说机制不重要，也不能强调机制重要，管理就不重要，它始终是一体两面的，我始终认为机制和管理两个都重要，两手都得抓，两手都得硬。中国企业现在就到了既要抓管理，又要抓机制创新的时期，通过机制与管理，激活组织，重构一个组织能打胜仗的能力。

（五）聚集主业与核心能力打造，重拾发展信心

经过这一次疫情，确确实实很多企业都要回归到聚焦主业，聚焦核心能力的打造，聚焦组织能力建设，这是企业的立身之本，在任何时代都是这样。

刚才大家也提了很多方法、路径，具体的我就不多讲，我要强调的是，最终我们要回归到“三信”。第一是坚定发展信念，中国经济也好，中国企业也好，长期趋势一定是向好的。第二是坚定信心，我一贯是乐观主义者。我觉得乐观总比悲观好，还是要坚定信心，而且要给员工以信心。我们华夏基石在2022年业绩也下滑了，财务总监来征求我的意见，员工年终奖金是不是就不发了？我说，照发，还要多给。越是形势不太乐观的时候，越要给员工以信心，很多企业的业绩是下滑了，但并没有亏损，干吗要去克扣员工呢？业绩下滑也不是员工的错，是大环境的错。第三是信任，信任来自哪儿？来自危难关头大家能一起扛，而不是让员工来承担团队或公司的损失。越是日子不好过的时候，越是逆境的时候，更需要体现出人文关怀，这是作为经营者、管理者必须要去做的。

信念、信心、信任，以及人文关怀，是一个企业在逆境中更需要去强调的。

洞见

CHINA STONE ▶▶

战略管理就是辩证法——宏伟目标与有限能力的矛盾、聚焦与多元化、竞争和合作、短期利益与长期利益等，如何处理这些矛盾，如何把握恰当的尺度，如何取舍，这就是战略。

——黄卫伟

在所有的关键举措中，最重要的是资源分配。坚持资源分配的优先秩序，这才是战略。

重识战略管理：牢牢把握六大原则

■ 作者丨黄卫伟 华为首席管理科学家，中国人民大学教授、博士生导师
华夏基石管理咨询集团领衔专家

一、坚持资源分配的优先秩序

什么是战略？

这个问题我思考多年，给战略下了一个定义。所谓战略，就是为实现企业的长远目标所做的重大取舍和所采取的关键举措，以及对资源分配优先秩序的锲而不舍的承诺。就是说，在所有的关键举措中，最重要的是资源分配。**坚持资源分配的优先秩序，这才是战略**。

所以，战略意图的第一步，就是思考怎么办企业。想把企业办成什么样？你是不是有理想？是不是有决心把所有的资源持续投入到这里？这就是战略意图。战略意图紧紧抓住成功的精髓。华为公司的战略意图就是成为行业里的世界第一，是战略意图的精髓所在。

当然，世界范围的行业第一，不仅是指大市场，也可以是一个细分市场，这些企业我们称为“隐形冠军”。这些“隐形冠军”专注于自己的产业、行业，或细分市场。做到领先以后，这些企业不是多元化，而是通过市场的全球化来继续发展，通过扩大市场来扩大企业规模。

企业要一直专注所在领域，成为这个领域的领导者。这是企业的正道。

“赶超世界级领先者，而不是盲目追求规模。”“战略意图不随时间的推移而变化，保证了长期资源配置的一致性。只

规定目的，不限制手段。”这正是任正非所主张的，也是他所赞赏的中国共产党在抗战时期领导“抗大”时的方针，就是坚定正确的政治方向。当然，对于企业而言，指的是战略方向，战术是可以调整的，但方向应该是坚定的。

同时，战略意图给出了唯一值得员工承担义务的目标。员工，特别是优秀的员工、有才华的员工进入企业，把自己的青春、精力都献给了这个企业。如果这个企业没有远大的追求，员工以后回忆起来，不会有价值感。假如这个企业有远大的追求，并且实现了，那么员工哪怕是退休了，也会觉得自己这一生的努力、一生的奉献是值得的。所以，人力资源的各种政策等，都是暂时性的，**由企业“远大的追求”赋予人才的价值感，才是战略意图，才是根本的人力资源动力。**

二、紧紧围绕公司核心能力提升

那么如何理解长期战略？我在编写《以客户为中心》的时候，序言里开宗明义，“战略目标本质上是围绕两个目标展开的，第一是怎么成为市场的领导者；第二是怎么做市场的领导者。”华为最值得汲取的实践经验，就是怎么成为市场领导者的战略。不管是聚焦，还是注重研发、厚积薄发等，最终都是要弄明白怎么成为市场领导者。而一旦进入市场领导者的行列，新的问题就出现了，就是怎么做市场的领导者。我所讲的华为战略就是围绕这两个基本问题展开的。

（一）一条轴线：核心价值观

《华为基本法》的第一稿，今天看起来是很粗糙的，但是第一稿直到今天我都觉得非常有意义。就是对我们自己来说，有一种打通了的感觉。我们以前的管理知识都是分门别类传授和学习的，从来没有一个教授跟我们说财务、人力资源、运营管理、组织等这些贯穿的主线是什么，没人给你讲这些，只有靠自己去领悟。

究竟什么是贯穿组织、人力、战略的那条主线呢？我们在起草《华为基本法》的过程中找到了它——核心价值观。组织、人力、战略内在的一致性就是核心价值观。同时，在写《华为基本法》的过程中，也帮助企业家系统地完成了他的经营管理哲学和原则。

1997 年任正非（以下统称为任总——注）在珠海石景山会议上讲了一段话：“我们必须在混沌中寻找战略方向。华为公司总有一天会走到悬崖边上，什么是走到悬崖边上？就是走到世界同行的前列，不再有人能够清晰地告诉我们未来会是什么，未来必须靠我们自己来开创。我们不走到悬崖边上是不可能的，而如果我们不想走到悬崖边上，也是没有出息的。”（摘自任正非《珠海石景山会议纪要》，1997 年）

由上面这段话可以看出，任总对华为怎么发展，发展成什么样子，在将来可能遇到什么问题，都已经非常清楚了。1996 年 4 月开始起草《华为基本法》的时候，我作为执笔人，最初的贡献是对《华为基本法》的定位，就是那三个问题：华为为什么成功？华为过去为什么会获得成功？华为将来要获得更大的成功还缺少什么？任总当时看到我们发过去的传真后，马上就飞到北京来，到人民大学来找我们几个教授聊。从那时候开始，《华为基本法》的轮廓、主体就清楚了。

组织、人力、战略内在的一致性就是核心价值观。

（二）基本矛盾：利润与增长

企业战略有个基本的矛盾，就是利润与增长。有时候销售会向总部说，你到底是要利润还是要增长？在华为的观点里，在任总的观点里，有战略机会，就要舍得投入。任总说，“抓住了战略机会，花多少钱都是胜利，抓不住战略机会，不花钱也是死亡，节约是节约不出华为公司的；当公司出现机会与成本冲突时，我们是要机会还是要成本？首先要抓机会，我一直认为我们高科技企业机会是大于成本的，只要符合机会，成本的增长是可以理解的。”（华为《2001 年税收预算汇报会议纪要》，2001 年）

华为公司的经营目的是：不追求股东价值最大化，也不追求其利益相关者包括员工、政府、供应商等的利益最大化，而坚持以客户利益为核心的价值观，驱动员工努力奋斗，在此基础上，构筑华为的生存。

实际上，经营企业有三种逻辑：第一种是股东价值最大化的逻辑，认为企业是股东的，股东是剩余价值的索取者，那么为了企业有剩余价值，就必须把价值创造过程中的成本控制住。第二种是追求全体员工精神和物质两方面的幸福的逻辑。这是日本企业的逻辑，代表性人物是稻盛和夫。第三种是以客户为中心的经营逻辑。华为经营就是这种逻辑，华为经营企业的目的就是以客户为中心，只有满意的客户，才有满意的收入，才有员工满意的薪酬，才有股东满意的回报。

华为为什么不以股东价值最大化为目的呢？因为是员工持股，股东价值最大化，等于你自己的价值最大化，这在逻辑上就不合理。华为为什么不把员工的幸福作为首位呢？这是高技术企业的特点决定的。高技术企业要追求员工的幸福的价值观念，带来的问题就是员工的收入欲求是没有止境的，所以，这不能成为高技术企业的目的。

华为以追求客户价值为中心的经营逻辑，形成的竞争优势在什么地方？是员工的高薪酬，超过业界最佳水平的高薪酬，而且以客户为中心，以企业的长期有效增长作为企业追求的首要目标。

这三种不同的经营企业逻辑，最后产生的结果也不同。

在写《华为基本法》的时候，我们就遇到一个困境，华为不追求利润化，那它追求什么呢？怎么在微观经济学上表述出来？并且，华为的这种追求如何让华为在经济资源的有效配置上能够起指导作用？我们最后经过反复推敲，把这句话写进去了，“追求一定利润水平上的成长的最大化”。

“追求一定利润水平”，不是不要利润，但不是追求利润最大化。利润率保持在 8%~10% 的水平，不追求过高，过高了就会加大投入。企业有更多的收益，就投在研发上，投在战略市场上，投在企业变革上，投在基础设施上，等等。然后为什么要追求“成长的最大化”呢？实际上还是要领先。所以，这样一种逻辑，是一个企业在处理利润与增长的矛盾的一种选择。

（三）两种相反的策略：聚焦与多元化

华为公司的战略是“紧紧围绕提升公司的核心能力发展”，

华为非常重视“核心能力的提升”。所谓聚焦，也是聚焦在核心能力的提升上。

约翰·刘易斯·加迪斯在《论大战略》里指出：“我将‘大战略’一词定义为无限远大的抱负与必然有限的能力之间的结合。”这句话说得非常到位。什么是企业的战略？说到底，就是怎么缩小你的远大目标与当前有限的能力之间的差距，怎么缩短实现目标的时间，这就是大战略。如果你用多元化的方式，能力老上不来，那你的长远目标永远实现不了。如果你用聚焦的方式，能力就能得到比较快的提升，目标就能够在短期内实现。

古希腊诗人阿尔基洛科斯有一句名言：“狐狸多知，而刺猬有一大知。”阿尔基洛科斯的这个比喻实际上是对人类的思维方式做了精细的分类。狐狸追逐多个目标，其思维是零散的、离心式的，是机会导向；而刺猬目标单一、固执，其思维坚守一个单向、普遍的原则，并以此规范一切言行。

我个人的感觉，任正非身上兼有狐狸思维和刺猬思维的特点，就是他的方向上属刺猬思维，是直接的；而在战略路径的选择上，是狐狸思维，是灵活的。

这说明，刺猬思维和狐狸思维并不是非此即彼，而是可以结合的，就看你怎么结合了。有些人结合了以后，实际上狐狸思维占据了主要地位，对于这种情况应该进行反思，应该加强刺猬思维的坚定性。而完全聚焦、僵化了以后，也不恰当，还是应当保持一定的灵活性。

所以，在企业核心能力不相关的利益面前，要抵制住诱惑。“公司不为短期的利益所动，紧紧地围绕着企业核心竞争力进行经营管理，一些不利于提升企业核心竞争力的事华为坚决不做，在一些与企业核心竞争力不相关的利益前，华为是经得住诱惑的。可以说，为了核心竞争力华为失去了很多机会与利益，但如果没有核心竞争力，我们将永远地失去发展的机会。”这就是华为之所以成功的原因。

三、客户需求导向优先于技术需求导向

任正非在 2008 年到 2009 年，重新定义了华为的核心价值

观，“以客户为中心，以奋斗者为本，长期坚持艰苦奋斗”，把这个作为指导华为的经营，以及人力资源管理的基本方针。这是高度概括的。同时还有这样的表述，“坚持客户需求导向优先于技术导向，坚持创新的目的和满足客户的需求，为客户创造价值，坚持市场是检验企业创新的最终标准。”这样可以防止纯技术导向、追求技术先进性而忽视客户需求的偏向。

为什么要反反复复强调以客户需求以中心？据我观察，企业里存在着一种偏离以客户为中心的自发倾向。

企业在创业阶段时，就那么几十个人，几乎每一单业务都影响着企业的生存，这个时候的企业上下都知道必须以客户为中心。但是，随着企业规模大了以后，这种内部自发的趋势会慢慢偏离以客户为中心。因为企业的市场地位稳固了以后，组织分工扩大和细化了以后，内部的岗位和部门距离客户、距离市场会越来越远，感受不到来自市场的竞争压力和客户的需求紧迫性。企业大了，一定会出现官僚化倾向，滋生骄傲自满，不再虚心地听取客户意见。怎么克服企业内部的官僚化倾向，以及偏离以客户为中心的自发倾向？就是坚定不移地贯彻市场导向、传递市场压力。

“坚持客户需求导向优先于技术导向，坚持创新的目的和满足客户的需求，为客户创造价值，坚持市场是检验企业创新的最终标准。”

怎么坚定不移地贯彻？我一直认为，中国企业里不搞流程是不行的，因为中国工业化的历史太短了，都是强调灵活性，中国人头脑灵活，但是遵守程序、遵守流程不够。即便有程序，也经常用程序走捷径，或者是走偏道了。华为就是要克服中国人的这种耽于幻想、太灵活的方式，通过系统地引进西方的管理体系应对这些问题。

实际上西方的管理体系就是一个流程体系，把流程体系做到 IT 里，你不遵守就到不了目标。华为通过“先僵化、后优化”的方式引进西方的流程管理体系，就把员工行为、干部行为硬给掰过来。但是，华为并不是不灵活，在它的末端、市场前端，以及产品开发团队，都是很灵活的。

当然，什么事情达到一定程度后都会走向反面，流程规范化了以后容易滋生官僚化。员工把遵守流程、不犯错误当作自己的目的，而忘记了追求流程的目的是更好、更高效地满足客户需求。这是人性的弱点。人的行为的原动力都是利己的，但你可以用利己的方式利己，也可以用利他的方式利己。企业则要通过利他而利己，将客户满意度与个人利益挂钩，有助于激励员工通过利他的方式而利己。

我在这里想强调的无非是，在企业内部有一种偏离客户需求的自发机制，企业不会自动自发地走向以客户为中心，所以要强调以客户为中心，并且要通过市场压力传递，通过管理体系来导向以客户为中心。

四、聚焦核心，压强投入，厚积薄发

为什么通信产业里能够产生像华为这样世界级的企业，而直到今天，我们的汽车产业在世界的产业中还没有一席之地？我的研究结果是，通信设备行业的管控重点是通信设备的质量，达不到标准的不许入网，但通信设备的生产环节是放开的。也就是说，在生产领域是完全市场化的，而入网则是由国家严格控制，这样一个严格的准入门槛，就把许多机会主义的企业、追求短期利益的企业淘汰掉了。

而汽车行业刚好反过来，不是发入网许可证，而是发生产许可证，也就是说在生产环节它不是市场化，谁能生产、谁不能生产，是受国家控制的，汽车行业并不是一个完全竞争的市场，这样就会影响汽车行业世界级的企业脱颖而出。现在有一种说法，认为在新能源汽车领域，中国有可能会异军突起。但是，我个人不是很乐观。主要原因是电能源汽车、新能源汽车的门槛低，导致在房地产行业里赚了钱的，在互联网上赚了钱的企业，大量地进入新能源汽车产业。这些公司往往是机会主义的，大多是和风险投资、资本市场连接在一起做业务，很难踏踏实实、埋头苦干、埋头突破核心技术。

而华为能在通信业内脱颖而出，就在于它在研发上坚持压

强原则。所谓的压强，就是在面积上施加的压力，要更大。在规模尚小的时候，华为整体的规模包括研发投入，与跨国公司相比，是十倍甚至是十倍以上的差距。面临这样的充分竞争的市场情况，怎么办？只有缩短战线，聚焦在某些点上，关键点上先突破，这样就把整体的规模劣势，转化为投入的点上的强度优势，这样一个一个突破，然后再逐渐扩大市场，这就是华为的特点。直到今天，华为在研发上的投入已经接近200亿美元，却仍然要坚持压强原则。这样就使得突破力更强。

五、战略竞争力量不应消耗在非战略机会点上

大概是2015年夏天，有一次我和任总散步，提到最近看了一本书，叫作《失去的胜利》，作者曼施坦因是“二战”期间公认的最具有战略思维的德国元帅。他最早崭露头角的作战计划是德国对法国以及对盟军的一战。

最初德国的作战计划是在B集团军群，包括了三个集团军。这个作战计划的总企图是，尽量多地击溃法军及其盟军，同时要尽量多地占领荷兰、比利时和法国的北部领土，作为未来对英空战和海战的基地，以及鲁尔区的辽阔前哨阵地。

曼施坦因指出这一作战计划中的问题，采用的都是“尽量多地击溃”“尽量多地占领领土”“以及下一站的对英作战的出发基地”。曼施坦因坚决反对这一作战计划，他提出的作战计划是以A集团军群作为主力攻击的方向，B集团军群作为辅助的、掩护性的进攻力量。A集团军群不采取正面进攻马其诺防线，而采用大穿插的方式，一直穿插到索姆河的上游，然后从上游对盟军形成包围态势，把盟军后路切断，之后绕过马其诺防线进攻法国，作为下一步作战的出发地。

曼施坦因的作战计划，按照他的表述，“西线攻势的目标必须是在陆上寻求决战”。**一战决胜负，而不是一仗打完还要再打一仗**。如果一仗不能决胜负，那德国就不可能取得欧洲大陆上的决定性胜利。“像陆军总司令部进军指令所提出的局部目标，无论就政治付出（破坏三国的中立）还是军事付出而言，都不尽合理。德军在欧洲大陆的攻击力，对我们来说是决定性

要素，为了局部目标将其消耗掉，实不可取。”

“二战”期间，德国对法国的那场胜利，就是德国执行了曼施坦因的作战计划，而曼施坦因计划的核心就是这句“德军在欧洲大陆的攻击力，对我们来说是决定性要素，为了局部目标将其消耗掉，实不可取”。我给任总讲完这句话，他马上接过一句，“战略竞争力量不应消耗在非战略机会点上。”然后，他说明天我正好到成都给研究生讲话，今天的散步给了我主题了，我就讲这个主题。

（一）对抗企业内生的多元化扩张冲动

前面也提到，在企业内部有一种偏离客户需求的自发倾向，从战略角度看，还有一种自发的趋向，就是多元化扩张冲动，这是聚焦战略的阻碍。

战略聚焦可不是那么容易的。首先，指导思想如果不明确，聚焦在短期内产生不了结果，这都会动摇聚焦的战略意图。其次，企业有一种内在的多元化扩张冲动。

企业内在的多元化扩张冲动，第一，来自职业经理人的动机和目标。职业经理人是股东的代理人，必须执行股东的价值最大化的目的，否则地位不保。但是，职业经理人也有自己的目标，他的目标是在达到投资者的合理回报的基础上，把更多的资源用在自己的利益诉求上。

职业经理人的利益诉求一是高薪酬，一是企业的大规模。企业只有规模更大，职业经理人的地位才更稳固。在美国，每年发生的并购行为大概有上万次。我们知道，惠普一直从外部聘任职业经理人，每一任职业经理人都要做一次大的并购，七次转型之后，把惠普转成了定位不清晰、战略意图不明确的企业，丢失了许多关键的机会。为什么职业经理人这么热衷于并购？因为在他的任期内，想要通过投资研发的奋斗方式去获得增长，太过遥远。所以，他要走捷径，通过并购，扩大企业规模，然后在股市上有炒作的空间，通过股价的上升，让他自己的股票、期权得到更高的回报。

第二，企业多元化的冲动来自企业人力资源和管理能力的富余和扩张的冲动。日本企业就非常典型。日本企业实行终身雇佣制，这些老员工怎么获得职业生涯的更大的成就呢？只有通过多元化的扩张。日本大企业的特点，很多都是多元化的，聚焦的并不多。这是由他们本身的人力资源的特点决定的。

怎么对抗这种与聚焦战略相反的力量，即企业内生的多元化扩张冲动呢？华为在2010年时，销售收入超过了200亿美元，大概达到了230亿美元，这样在数量级上接近爱立信了。爱立信是整个通信设备的老大，规模有280多亿美元。当时华为就在战略上做了调整，包含三个举措：一是从单核业务（只是做通信设备）扩展到做多核业务，分化出了消费者业务、企业业务；二是变革组织结构，从单核的、集权式的、职能化的组织结构，转向分权式的、事业部制的模式；三是把研究和开发从组织上分离开。

研究和开发是两回事，开发是商业性的，是满足客户需求的，所以，开发在华为的定位，是确定性的。开发项目的立项，一定要经过跨部门的评审，特别是要财务参与进来。而且开发项目如果失败了，那是要追责的。而研究恰恰相反，研究是不能用商业成功来评价的。因为它是面向不确定的未来。所以，研究直接的导向是技术导向，最终的导向可能是客户需求。对此，任总形象地形容为“先开一枪，再开一炮”。“开一枪”是研究项目，打不中不过是浪费一颗子弹，与其如此，不如多开几枪，有一枪打中了那就再“开一炮”，重金投入，加快其商业化过程，缩短投放市场的时间。华为现在已经尝到了投资研究的甜头，所以，在逐步加大研究的投入，加大海外研究所招聘当地研究人才的力度。

（二）建立平衡的业务组合，“聚焦核心、放开周边”

大公司是不可能靠单一产品的。从大的组合产品来看，华为现在包括运营商网络的业务、企业业务和消费者业务。

消费者业务，就拿手机来说，是属于什么样的市场呢（见下图）？属于存量市场业务。就是说，手机业务最初是增长的，中国都有八九亿部手机了，已经是饱和的状态了。尽管饱和了，手机却有个换机市场，手机两三年要换，所以还有三四亿元的市场。这个市场就会出现激烈的竞争，只要是强势品牌，在这个市场里还是可能会增长。这就是华为手机业务快速增长的原因。

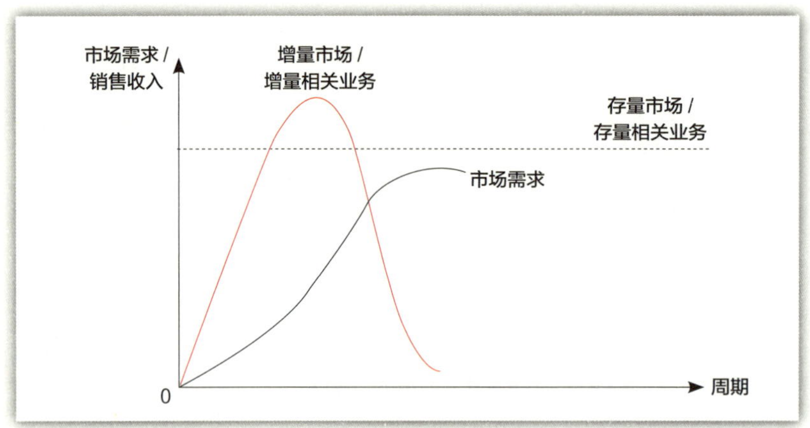

消费市场的细分

这样，存量市场和增量市场之间就形成了互补。当市场总体增长上趋于缓和的时候，设备业务不再增长，甚至下降，但是存量市场的手机业务补上了，那整个企业的效益还在增长，规模还在扩大。这就是华为手机市场和设备业务的业务组合，使得存量市场和增量市场互补的效益就出来了。

还有一个效益，是战略业务和现金流业务。战略业务是需要投入的，而且在投入期的几年内可能只有投入，没有收入。像5G，华为从 2009 年开始立项，到 2017 年的时候才卖出第一个商业合同，8 年时间里只见投入，不见收益。这就是战略业务的特点。但是，现在 5G 业务华为肯定是领先的了，但美国的打压对华为的现金流业务也就是手机业务影响很大。华为的业务组合是“聚焦核心，放开周边”，放开周边业务，比如说荣耀业务就分离出去了，用荣耀业务卖出去的资金来补充设备业务。

六、深淘滩，低作堰，构建和谐的商业生态

企业都有自己的商业模式，华为有没有商业模式呢？华为没有正式发布它的商业模式，我因为主编华为的三个管理纲要，消化了任总的所有讲话、华为所有的 EMP 文件，发现 2006 年任正非在华为大学对所有高管的讲话，前两段话实际上就讲到了商业模式。

第一段话，“华为在通信领域不做资本性的交易，将长期保留通信网络的开发、销售和服务体系。这个体系将来受社会进步、技术进步的影响，产品会越来越不值钱，像‘鸡肋’一样。

许多公司会选择逐步放弃，而人们还是需要这些东西的，我司将坚持不动摇地持续开发，维护这些‘鸡肋产品’。”这句话非常重要。什么意思呢？就是说，客户的需求，有一种需求是基本需求，是永远存在的。像华为的通信业务，就是沟通、交流，只要有人群，就会有交流的需求；只要有交流，就会对交流的工具、交流的手段提出需求来。

所以，这个业务，不管华为是不是可以做好，需求是永远存在的。而对一个企业来说，只要能进入客户基本需求的市场，那你就不要三心二意，好好做这个业务就行了。因为这需求永远不会消失，永远存在。但是，如果你面对的是一个时尚的市场，需求是变化的，那你可就要小心点了。你过于聚焦了，有可能需求变化了，你转型转不过来。你要为未来的转型提早做准备。

第二段话：“在这些低利产品中，要生存下来，唯有实现高质量、优质服务、内部运作低成本和优先满足客户需求……就像薇甘菊一样，在低生存条件下蔓延生长。以后切一块这个优质的管理平台的一部分，独立出去再种上有上升势头的产品，必将产生很高的增值。”

什么行业、什么业务，都是这几个基本需求。为什么任总强调内部运作低成本，而没有强调产品低成本？因为优质往往是要追加成本的。“优先满足客户需求”，这就要抢先、领先市场，进入市场的时机一定要抢在前头。

我把上面这两段话叫作华为的商业模式。

华为不上市，但是华为没有说不做资本运作，华为的资本运作是怎么回事呢？是从它优质的管理平台和核心技术平台上切出一块边缘的业务，种上有上升势头的产品，然后“必将产生很高的增值”。增值以后怎么办呢？那一定要实现它的价值。既不冲击核心业务，又能很快实现增值，这不就是商业模式吗？到哪儿去很快增值？肯定是资本市场啊。这在美国大力打压下的今天，才实施了。但是，早在 2006 年，任总已经把这件事情想清楚了。优秀的企业家都是预见型导向，但是预见不是很快就变成一个行动，是变成一个行动的准备的过程，直到瓜熟蒂落，才变成现实。

后来我们去了都江堰。**都江堰千年不毁的成功，就是六字**

诀：**深淘滩、低作堰**。做企业不就是这么回事吗？“深淘滩”，就是在研发上高投入，在质量上孜孜以求，在降低成本浪费上不断地下功夫。“深淘滩”这种方式创造出来的高毛利，企业要抑制住对利润的贪婪，不追求高利润，这样的话，把高毛利的部分投在研发上，投在战略市场，投在未来上，然后，对待供应商不要那么苛刻，对客户，也不要价那么高，使企业可以持续地发展。这就是大战略，这就是企业的商业模式。

后来，任总多次在讲话中提到“深淘滩、低作堰”六字诀。特别是在金融危机以后，他说“深淘滩”就是“确保增强核心竞争力的投入，确保对未来的投入，即使在金融危机时期也不动摇；同时不断挖掘内部潜力，降低运作成本，为客户提供更有价值的服务”。“深淘滩”还有许多工作要做。“‘低作堰’，就是节制对利润的贪欲，不要因短期目标而牺牲长期目标，自己留存的利润低一些，多一些让给客户，以及善待上游供应商。”这就使得企业可持续发展。

现在的战略是扩展到整个生态圈了，因为未来的竞争不光是一个产品的竞争，一个技术的竞争，而是一个生态的竞争。所以，未来的生态建设，关键是利益分享。只有帮助客户实现他们的利益，帮助合作伙伴实现他们的利益，华为才能在产业链条上找到自己的位置。

最后，我再小结一下“战略”。战略是一种把握尺度和取舍的艺术。“事物内在的否定因素是事物生命力的要素”，战略管理就是辩证法——宏伟目标与有限能力的矛盾、聚焦与多元化、竞争和合作、短期利益与长期利益等，如何处理这些矛盾，如何把握恰当的尺度，如何取舍，这就是战略。

美国学者弗朗西斯·斯科特·基·菲茨杰拉德有句名言：“一流的智者能够同时在脑海中持有两种相反的想法，并且仍然保持行动力。”这就是一流的智者的标志。要是在头脑中只持一种想法的，而不能包容相反想法的，那叫钻牛角尖。所以，辩证的思想应该成为企业领导者、企业高管基本的思维和处理事务的方式。

注：本文根据黄卫伟内部授课录音整理，原文首发于华夏基石e洞察微信公众号，此处有大幅度的精简和编辑。

量子力学的第一性原理是不确定性原理，不确定性原理揭示了整个世界是一个混沌的世界，是一个不确定的世界，不确定性是世界的本质和常态。

走出困境：不确定性原理的三个启示

■ 作者 | 彭剑锋

我们所面临的这个世界，变得日益复杂而混沌，变得越来越不确定，企业家面对这个极速变化的现实世界，往往会感到难以把握，感到抓狂、焦虑、迷茫。

如何走出这种迷茫而焦虑的状态？需要新的认知和思维来引领，因为你用传统的思维和认知很难在现实世界找到方向，找到出路，而量子力学的理论为人们认知新世界、新秩序、新状态、新变化开启了一扇智慧的窗户，打开了人们认知的局限，突破了思维的边界，有利于走出思维困局。

现在面对新的世界最大的局限还是认知上的局限，最大的障碍是思维上的障碍；想不通、看不清、走不出，又被现实的各种问题所羁绊，我总结为：为过去的失误而纠结，为未来的不确定性而烦恼，为现实的问题所困顿，找不到解决问题的思路和方案，觉得现实困难重重。

困难什么时候都有，过去总会有失误，未来什么时候都是不确定性的，关键是你用什么样的认知和思维走出去。用旧地图找不到新大陆，为什么要用旧地图寻找新大陆呢？这还是过去的惯性思维模式，能否用突变和断点思维，重画一张新地图，开拓一块新大陆呢？这就需要我们突破认知的局限，突破思维的障碍。如何突破认知局限和思维障碍，我认为关键就在量子思维。

虽然我们很难说清楚量子到底是什么，但是科学已经提示出量子力学是基于经典力学和相对论形成的对世界的进一步认知，量子学说的一些基本原理，如不确定性原理、量子态叠加原理、波粒二象性原理、量子纠缠原理、量子跃迁原理等，也已得到科学界的证实和普遍认同。量子力学、量子思维对世界的重新认知的方向是正确的，未来的世界必将是量子的世界，需要我们用无知者无畏般的精神去探索、去证悟。

量子思维的核心思想是什么？将来它会对我们的管理思维，尤其是战略思维产生什么样的影响？在产业互联网与数智化时代，用经典的原子思维，显然难以认知和理解企业家所面临的新问题、新关系、新模式，我主张应该用量子思维去重新审视经营与管理新命题，重构战略、组织与人的管理新思维，没有认知与思维的革命，很难走出经营与管理的困境。

用量子思维去重构管理新思维，首要的是用量子力学的不确定性原理。不确定性原理就是量子思维的第一性原理。我认为，不确定性原理对重构企业的经营与管理新思维有以下启示。

启示一

混沌中方向最重要，信念最重要，相信未来，就能洞见未来

一、不确定性原理的核心特点

什么是量子力学的不确定性原理？ 我们在观测一个粒子之前，它的位置和速度永远处于多个位置和多重速度的叠加态中，呈现波函数所描述的 “一团模糊的云”； 一旦我们进行观测，这个粒子就会立刻由波函数的叠加态坍缩到波和粒子所代表的经典态。在观察和测量的过程中，当我们越想知道一个粒子的位置时，就越不能确定它的速度；当我们越想确定它的速度时，就越不能确定它的位置。也就是说，这个粒子的位置和速度永远不能同时确定，这就是量子力学的主要创始人沃纳・卡尔・海森堡 (Werner Karl Heisenberg) 提出的不确定性原理 。

这是从物理学来讲，对世界认知的一种颠覆。因为以牛顿

为代表的科学家构建了一套科学体系的同时，也确立了一种机械论式的世界观和思维方式，即牛顿（式）世界观或牛顿（式）思维。在牛顿思维的观念中，宇宙就是一台构造严密的机器，它由相互独立的部件组成，精确无误地运转；事物的发展演化也遵循同样的机械规律，以相同的机械化方式相互影响——一切皆可预知，只要给定初始条件，我们就可以用客观、量化和数学的方法推算出未来会发生的一切。

然而，19 世纪末，这个精确运行、完全确定的世界却被研究 “三体问题”的数学家亨利・庞加莱 (Jules Henri Poincare) 敲出了一道裂缝。“三体问题”是指研究三个任意质量、任意初始位置和任意速度的天体，在相互之间万有引力作用下的运动规律问题。它看似简单，只涉及三个天体，且支配天体运动的就是简单的万有引力，然而要预测这三个天体的运动却几乎不可能。整个三体系统其实就是一个混沌系统，只要任何天体的初始状态发生一丁点的变化，这个系统后来的运动状况就会出现巨大的偏差。对初始条件极端敏感就是混沌现象最本质的特征，这也就是著名的“蝴蝶效应”。

庞加莱的发现同时揭示出，即使一个系统遵循确定性的运动规律，它的演化发展也会出现类似随机的不确定性。而且混沌现象无论是在自然界还是在人类社会中都普遍存在，天气变化、流体运动、经济活动、生物进化等都符合混沌系统的发展演化规律，甚至可以说，混沌已经统治了我们周围的一切现象。

概括地说，**不确定性原理有几个核心要点**：第一，混沌、模糊、难以测量。整个世界是一团模糊的云，是一个混沌的世界，混沌世界就是不确定的，没法把握，量子世界就是一个混沌的世界，这是很重要的一个原理。第二，“蝴蝶效应”，即某一个微小的变量会带来巨大的系统性偏差。第三，非连续性变化，“蝴蝶效应”说明系统中的变化并不是单一、线型、连续和确定的，而是复杂的、非线型、非连续和断点式的，甚至是突变和跃迁式的。

实际上即使一个系统遵循确定性运动规律，它的演化过程也会出现类似随机的不确定性，而且混沌现象无论是在自然界还是在人类社会都普遍存在，所以天气变化、流体运动、经济活动、生物进化等符合混沌系统发展演化规律。混沌统治我们周围的一切现象。

二、不确定性中，方向与信念最重要

引申到管理学来讲，企业所面对的市场环境和未来前景就是不确定性的，就是一个混沌的世界。过去工业文明时期，我们总是把未来的发展看成一个连续而确定性的过程，在数智化时代，我们必须接受一个现实，即世界的本质是不确定的，世界也正在以不确定的方式演变发展。在数智化时代，虽然信息越来越对称，消费者、企业和行业之间的连接越来越紧密，但未来越来越看不清、测不准，一切难以预见：消费者需求变化加速且日益呈现个性化，颠覆式技术创新与商业模式创新层出不穷，市场瞬息万变，产业边界、企业边界、组织边界越来越模糊而跨界混序，企业的成长轨道无迹可寻，成长空间无边界可触，成长模式无标杆可追随。

我们必须思考，在不确定性中，在混沌中，什么最重要?

——方向最重要，信念最重要。

正如软银孙正义所说：当迷茫的时候，只管往远处看，就能看到洪流中的未来。这也解释了任正非为什么讲，保持方向大致正确，组织必须充满活力。量子理论揭示了整个世界是一个混沌的世界，是一个不确定的世界，不确定性是世界的本质和常态。但是，精神会影响物质的运行状态，所以在不确定的世界之中，方向最重要，信念最重要，精神的力量无穷大，在混沌之中要坚信方向，坚定信念。相信未来，才能看清未来。

方向最重要，是指要洞见趋势与方向，因为你不能乱窜、乱撞，否则你就有可能不断地在原地打转，走不出去，走不出困境，走不出混沌。走出混沌的最根本的要素是坚定信念，保持方向大致正确。在混沌之中首要是坚定信念，回归初心，相信相信的力量，用正能量牵引出未来。相信信念与精神的作用，按照中国传统文化来讲就是相信心的力量。这一点从企业的角度来讲就是使命感非常重要，方向非常重要，愿景非常重要。

彼得·德鲁克早就提出了基于愿景的领导力这一概念。

企业家最重要的能力是要洞见趋势，看清方向，能够以愿景来凝聚人心，以愿景来引领大家朝着一个正确的方向努力前进。如何做到？第一是相信相信的力量，方向大致正确，保持组织活力；第二是要快速行动，主动走出舒适区，要自我变革，自我超越，你只有主动走出舒适区，主动去改变自己，才能找到出路，才能适应这个不确定性的世界。同时，企业战略就是对未来不确定性的选择，战略的选择往往是方向性的、探索性的，甚至是试错性的，而不是来自预先精确的计算与方案制定。某种意义上，战略不是一种预先的计划设计，战略的原点不是来自战略专家或战略职能部门，而是来自企业家，来自企业家对未来趋势与发展机会的洞察与感知，来自企业家的发心动念，是一种企业家精神，是一种面向未来的企业家信念、追求与意识流。所谓意识流就是企业家对未来发展趋势、机会的先知先觉与共同认知。如互联网及许多新型产业的发展并不是来自预先的设计，而是来自企业家与投资家的意识与共同感知，大家都坚信互联网有未来，未来的世界是互联网的世界，坚信这么做是正确的，而非因为正确才去做。有了这种前瞻性的意识与信念，大家都相信它，资金和人才就会往互联网里涌，一旦能量集聚到一定程度，就会找到商业模式成功的突破口。商业模式一旦成功，更多的资金和人才继续涌入，最终会形成涌流。当无数涌流开始连接、汇集、交互以后，就会形成波涛汹涌、不可阻挡的洪流与大势，互联网就形成了一个全新的产业。而那些先知先觉者、勇于创新投入其中者，如阿里的马云、腾讯的马化腾、京东的刘强东等便创造了互联网企业成长的奇迹。

企业家最重要的能力是要洞见趋势，看清方向，能够以愿景来凝聚人心，以愿景来引领大家朝着一个正确的方向努力前进。

启示二

打破幻象，破除执迷；接纳现实，直面当下，关注蝴蝶翅膀的每次扇动

一、世界本就是一团模糊的云

量子的发现推翻了我们对世界连续变化的认识，也就是说随着量子力学的进一步发现，以及接下来所发现的一系列新现象、新规律，从“波粒二象性”到“不确定性原理”，到“薛定谔的猫”所代表的量子态叠加，到幽灵般超距作用所形容的量子纠缠等，都揭示了物理现象更为基本的运行规律，量子的发现彻底颠覆了牛顿物理学所创制的传统世界观和方法论，实际上就是对世界的颠覆性认知——世界的变化不是一个连续性的曲线，它会出现突变，会出现断点，会出现颠覆，对原有的完全否定。

量子理论对物理世界的颠覆性认知在警示我们：人类世界发展到今天，需要突破性的变革思维，需要一场认知革命。现代科学体系创建以来，或者说工业革命以来，我们一直试图去构建一个确定的、稳定的、线性的世界，这些让我们有安全感，但这可能恰恰是一场大梦，一个幻象。实际上你要接受，这个世界就是一团模糊的云，就是一个不确定的世界，你在一个不确定的世界中生存，包括对于经营企业来讲，不确定性就是一个常态了。你得接受这种不确定性，接受这种模糊性，接受这种混沌。

追根究底地分析，很多企业家现在的抓狂、焦虑和迷茫，根本原因就在于不接受现实、抗拒现实，沉迷在过去的连续性世界的“幻象”和过去成功经验的“荣光”中难以自拔。

你还是要接受现实，接纳不确定性是常态，并且用颠覆式的创新思维和认知革命，直面当下。

当然，在混沌之中一定会焦虑，一定会有很多现实的困难，但就如新任国务院总理李强所说的，哪个时候、哪一年没有困难呢？我们从来都是在克服困难中不断实现新发展的。

二、“蝴蝶效应”不是偶然

现实就是不确定和混沌的。过去传统的思维是瞄准大概率事件，而现在需要同时考虑到小概率事件，考虑到“蝴蝶效应”，这是不确定性原理下很重要的思维。

过去是靠大概率来推导确定性，依据这种大概率的确定性来做关于未来的决策，但现在则不然，从管理的角度来讲，小人物可能成就大事业，小火星可能会点燃燎原之火，这就是蝴蝶效应。

蝴蝶效应提示我们决策所依据的事实颗粒度要更精细。

在数字化和智能化的时代里，我们看到，很多商业形态因为一些细小的变化而发生了系统性的变化，比如今日头条通过对个体用户的信息捕捉，进行精准阅读推送，从而改变了媒体行业的内容生产和推送逻辑。

对初始条件极端敏感就是混沌现象最本质的特征，而且，“蝴蝶效应”在当下变化的世界里可能不是偶然，可能是一个必然。为什么现在“灰犀牛”“黑天鹅”事件频发？正是说明不确定性、混沌才是世界的本质和常态。

三、先开枪再瞄准，迭代动态聚焦

从创新战略思维的角度看，企业要依据测不准原理，从先瞄准再开枪的战略思维，转向先开枪再瞄准，在迭代中动态聚焦，积极探索多种可能性和开拓更多共生成长路径。

任正非在与华为研发人员座谈时所指出的：我们对未来的实现形式可以有多种假设、多种技术方案，随着时间的推移，世界逐步倾向哪一种方案，我们再加大这方面的投入，逐步缩小其他方案的投入。且不必关闭其他方案，可以继续深入研究，失败的项目也培养了人才。他还举例谈道：当年我国核爆就有两种方案——邓稼先方案和王淦昌方案，王淦昌方案在当时的工业基础上实现有困难，中央先批准了邓稼先方案，但王淦昌不仅全力支持邓稼先，而且也不气馁，继续研究，后来也成功了，为我国的重型核爆作出贡献。氢弹之父于敏，走了不同于别人的热核聚变之路，中国的氢弹也爆炸成功了。美国惊叹：热弹也有第二条道路？由此，任正非告诫华为的高层领导和专家：**“在不确定时代，华为要走出过去战略成功的陷阱，要有器量，要容得下不同意见、不同道路**，不要急于将新技术推向市场，我们要有战略耐性，要一直窥测客户需求的方向。”

华夏基石在参与光启公司颠覆性创新操作系统 1.0 版本的起草时，通过与新生代企业家的智慧碰撞也深刻认识到：作为一个以改变“世界的创新”为使命追求的创新型企业，要构建内在的核心能力优势与颠覆式创新生态优势，必须用量子战略思维指引光启未来的发展方向。因此，光启颠覆式创新操作系统 1.0 指出：“基于同一个核心技术或核心能力，可衍生很多种不同的可能性以及不同的价值体系，以及与此相关的非常具体的产品及其对应的非常具体的市场，我们的责任就是尽可能多地探索可能性，尽可能多地探索各种产品技术应用方向及产品市场共生轨道的可能性，并确定这些共生轨道的能级。”

量子战略思维不是简单做加减法，而是要基于核心价值与能力，高度发散思维。

因此，量子战略思维不是简单做加减法，而是要基于核心价值与能力，高度发散思维，不事先给自己设定框框，不预先给自己确定毫无根据的明确目标和框定成长路径，跳出行业约束的条条框框，在头脑风暴和集体智慧的碰撞中，不排除任何可能的方向，在实践中去探索可能性并修正、迭代和确定可能的路径，以敏锐的洞察力，能够在最有可能和最有希望的战略方向及项目上及时加大投入，并在合适的时候收割。

战略依靠过去连续性思维下的成功经验，坐在封闭的环境中用沙盘模型去推演出来是极不靠谱的。靠谱的做法恰恰是基于内在价值追求的想象、高手之间的智慧碰撞，在实践探索中基于即时事件对未来的感知与先知先觉。它更需要企业家和决策者贴近市场和客户，去感知变化。“春江水暖鸭先知”，好的战略思维一定来自市场与客户，对未来的预见往往来自不确定的事件感知。美国前任总统特朗普当选时，美国那些靠选举模型推测结果的专家大跌眼镜，而预见最准确的是义乌一个做竞选小旗子的企业家，因为他发现支持特朗普的小旗子的订购量数倍于支持希拉里的小旗子的订购量，而且越临近竞选，支持特朗普的小旗子的订购量及实际发货量越多，这意味着到现场支持特朗普的民众越多，意愿越积极和强烈，由此，这位义乌老板断定特朗普会最终当选美国总统。这种预见之所以准确，因为他接地气，贴近事物的本质与源头。这种接地气的基于现实变化所发生的事件来预见未来的感知力，也是量子思维最重要的特点。

所以我一直对企业家说，必须要拥抱变化，困难和问题什么时候都有，关键是要解决问题，敢于直面问题，敢于行动，在行动中迭代，在持续实践中积蓄能量和力量，要做好当下的每一件事。做好当下的每一件事，就有机会，就有未来。这些都是不确定性原理带给我们的启示。

启示三

以长期价值主义保持战略定力，动态平衡“变与不变”，锻造抗逆周期的能力

一、企业家需要发挥战略想象力

混沌的状态中，第一认清方向很重要，第二信念很重要，第三行动很重要。主动拥抱变化，走出舒适区，走出过去的成功陷阱。从战略上来讲，面对不确定性时企业家恰恰需要坚定信念，洞见变化，洞见趋势。京东前首席战略官廖建文博士有篇文章就讲道，“所有的极限，个人发展的极限、增长的极限……都是认知的局限。认知的局限限制了战略的想象力。”

不确定性原理给管理的启示，就是需要企业家发挥战略想象力，要看长远，看方向，要有长期价值主义，依此洞见未来的趋势。亚马逊的贝索斯也讲道：在“乌卡时代”，我们不仅要问未来三年会发生什么变化，更重要的是思考未来十年什么不变。这句话也很重要。既要强调变，又要强调不变。

马斯克强调的“第一性原理”，也是强调把握住最贴近一

切事物本质的核心要素，在变与不变之中寻求动态平衡。

这也是我所讲的“守常守，变应变”，这是一个方法论，就是我们在不确定性中，不仅要看长远，还要不断地在动态中调整，在变与不变中寻找平衡点。

马斯克强调“第一性原理”，就是强调在变化中把握住不变的，不确定性与确定性、变与不变都是对立统一的，在变化中恰恰要回到第一性原理。比如马斯克认为未来能源是一个巨大的问题，汽车的第一性就是能源，而不是外壳、内饰等，所以他在全球率先进行新能源汽车的制造。

二、在变与不变中寻求动态平衡

在变与不变中寻求动态平衡，就要求企业家既要洞见到未来十年的变化，更要看到未来不变的是什么。比如，一个企业不变的东西是什么？就是在竞争中永远考验的是企业的核心能力，那就要看到你的行业、企业在未来五到十年能扛得住变化的核心能力到底是什么，并为此布局、谋划和投入。

对于企业来讲，现在所需要的是能够经受起抗逆周期的能力，而不是说企业的发展是投机、随大流，在不确定性中，企业恰恰要有确定的抗逆周期的能力。过去 40 年，中国企业是顺着大势顺风顺水地过来了，所以普遍不具有抗逆周期的成长能力，那么从现在开始，你就要打造自己十年以后抗逆周期的能力。现在可能感到煎熬、难过，但任何一个企业只有经受住煎熬才能成就伟大，经受煎熬成就伟大就是你的抗逆周期成长性。

三、培育和提升企业抗逆周期的能力

我认为，中国企业未来在不确定性的环境下，从战略思维来讲，第一要思考如何培育和提升抗逆周期能力，第二要学会在整个行业平均利润条件下如何获取利润，第三要增强在产业集中度日益提高的条件下的生存能力，不要被别人整合掉，“剩者”为王。

任何一个产业最终都会走向一定的集中度，最后剩下的没几家，企业能不能做到“剩者”为王？这就要求企业家要把核心竞争力放在未来十年不变的技术上，适应外部环境变化恰恰是要坚守企业不变的东西。一方面要拥抱变化，另一方面恰恰又要思考在未来十年靠什么生存，靠什么抗逆周期，靠什么学会在平均利润下成长。

比如，零售形态发生了很大的变化，但京东一直坚持零售业的本质是要解决供应链的问题，这是京东的未来五年到十年的核心能力，所以它的战略就是围绕着如何把供应链能力做大做强，把这种能力变成开放式的平台，从而链接前端碎片化的零售创新。不管前端零售形态如何创新，供应链才是行业不变的王道。所以企业要找到你的行业的“王道”在什么地方。这一点跟你的核心竞争力并不矛盾，抓住了行业的“王道”，才能抓住你的核心竞争力的建构基础。

战略是一种选择，选择干什么不干什么；战略是一种发展方式，最终战略是你靠什么去赢别人。赢的道理需要去寻找，同时要有长期价值主义，要舍得投入，而不能靠投机。恰恰是在混沌中、在不确定性中要看到未来的趋势和方向，同时要努力去锤炼自己五年到十年以后不变的核心能力，这就是量子力学对战略思维的启示。

“战略是一种选择，选择干什么不干什么；战略是一种发展方式，最终战略是你靠什么去赢别人。”

小结

回顾一下，在混沌、不确定性中，在“黑天鹅”和“灰犀牛”频发的时代，企业家要有什么样的新思维与新认知？

第一，未来的世界就是不确定的世界，恐惧和焦虑往往是来自对现实的抗拒。但这个世界本来就是不确定的，不需要焦虑，不需要迷茫，在混沌中，这几点非常重要：其一，对未来要有洞见能力，要找准方向，方向大致正确，不需要去寻求精确的方向，方向是一个动态调整、动态聚焦的过程。

其二，信念非常重要，也就是企业家的意识，要坚信自己所坚信的，相信自己所相信的，相信相信的力量，对未来始终充满着信心，这是正能量牵引，因为量子就强调正能量牵引，对未来一定是正能量牵引。其三，在思维上不能基于过去的惯性思维，突破对惯性思维的依赖，要有突变思维和变革思维，但是在变革之中又必须找到你的确定性，否则的话，为变革而变革就出现改革多动症。其四，强调在不确定性中更要注重人的自我驱动，组织内部充满活力，充满价值创造、自我驱动的活力，就能够应对外部的不确定性。其五，坚持长期价值主义，找到自己的“第一性原理”，保持定力，长期投入、长期积累。

第二，企业家重要的素质是要学会在变与不变中寻求动态平衡，先开枪再瞄准，动态中选择、探索中聚焦。这就是任正非所讲的“灰度”，懂得妥协，懂得进退，懂得把握节奏，做好平衡。企业家要包容，要有格局，要有足够的器量容得下不同意见，做决策时不能把宝押在一处。鸡蛋可以放在多个篮子之中，这都是战略上的思维。另外要强调群体智慧，战略涌现。也就是说，战略的产生不再依赖于少数领导、权威领袖的规划设计，而是广泛参与。而且还要立足于实践，战略往往是在实践过程中涌现的，就像英特尔从存储器业务向微处理器业务成功转型是会集群体智慧，激发群体智慧，是实现战略涌现的典型例子。大家都认可这件事儿，所有的资源都往这儿聚，最后就能把没有的事儿做成了。再一个强调的是能量的聚合，先开枪再瞄准，迭代创新都是很重要的思想，在平衡中协调，强调价值的信念，共同的认知，强调长期价值主义，这些思想都是在不确定性下的确定性，及时去寻找不确定性下的确定性是什么。

第三，在不确定性之中，组织最重要的除了自己的核心能力以外，还要充满活力。这是小熵理论，不会出现熵增，不僵化，组织只要不僵化，保持敏捷就能够适应环境，就能够不断打胜仗。所以核心能力并没有过时，组织活力是最重要的，任正非也说，组织就怕业务守成，就怕结构僵化。所以他要拉开差距打破平衡，以内在的活力来应对外部的不确定性。内在的确定性第一个是形成自己的核心能力，另一个是始终充满活力，充满打胜仗的战斗力。所以企业家一方面要清楚未来五年到十年自己的核心能力是什么，靠什么去赢别人；另一方面是要怎么去激活人才、激活组织，让组织和外部环境之间开放互动，能够跟外部环境进行能量的交换，打破金字塔的等级秩序，构建跨界融合式的组织。

最后用一句话寄语企业家：放下焦虑，直面问题，做好当下，把当下的每一个问题都解决了就有未来。

训战

CHINA STONE

为什么德国的隐形冠军能够雄霸天下？为什么日本的长寿企业能冠绝全球？

——何绍茂

“真高管”的四项领导力

■ 作者 | 苗兆光

“真高管是归属于公司而不是归属于职业的人”，这是我的一个基本观点。既然是归属于公司的，当公司遇到新的能力边界的时候，高管就必须去直面它，扩展自己的知识边界，以获得更高的能力。我们提炼出了高管的高学习力特征，即高学习能力。

高学习力其实对高管的挑战是很大的。因为高管团队本身已经是公司的“天花板”了，如果他们的认知边界不够，组织就会被禁锢在这个水平之下。所以，高管的创业属性就决定了他必须保持高学习力，要跟组织一起进化，并且要随着外部环境的调整，及时改变自己。

同时，对于高管来讲，学习能力必须与自身的业务场景和工作场景相结合，要与自己在企业当中扮演的角色相匹配。唯有这样，学习力才能表现为生产力。所以我们说，高管人员的高学习力，要结合自身在企业的领导力去形成。或者说，他的高学习力在工作当中要表现为领导力。一名高管的领导力应当包含哪些方面？我归结为四个方面：战略领导力、文化领导力、组织领导力和变革领导力。

一、战略领导力行为特征

（一）守土一方

作为一名高管，你在公司是有具体任务的，并且无论如何要保证具体任务的完成，这就是领导力，即能否搞定你的分管领域。要想搞定自己的分管领域，高管必须完成三个关键任务：

关键任务有人盯。高管是有具体任务的，但公司要想获得总体绩效，则要基于战略，即要在哪几个领域获得成功。比如，我们原来在国内市场，明年要进军国际市场。这时，国际市场就是一个战略任务，作为对此负责的高管人员，你是不是能盯住这个战略任务？另一个负责产品开发的高管，能不能围绕着国际化来推出新产品？凡此种种，即战略任务。作为高管，要做到守土一方，首先要盯得住关键战略任务。

关键流程有人看。每个层级的管理人员都有一定的管理幅度，而这个幅度越往上越高。所以，到了高管这个层级，可能就要管一个端到端的流程了。而这个流程的效率能不能改进，也要由高管来完成。这时，高管有没有能力能去盯住关键流程，就是他能不能守土一方的第二个指标。

关键资源有人管。企业的客户资源，或者外部的重要关系资源，内部的人力资源等是不是高效，是否存在效率的、能力的增长？是否更有活力、更有价值，能作出更多的贡献？都需要高管人员把它看起来、管起来。

（二）战略共谋

什么是战略共谋？我们知道，组织一旦形成，其战略就不能只来源于一个人，更不能是个人头脑中的空穴来风，它一定是群体行为。我们一再强调，战略是在团队和组织当中相互调节生成，并进一步被部署和执行的过程。这就要求高管成员与上级、与企业家共谋。如果这个企业家，这个“一号位”有一个不完整的假设，你能不能在你的领域对其进行验证？去验证它并丰富它？如果能，你就是一个可以与团队共谋的人。比如，一位分管研发的总裁，处于技术的认知之下，而另一位分管营销的总裁是基于市场认知的，二者在做决策时，能否形成交集，互相启发？

要知道，每个人得到的信息都可能是不完整的，有可能我们都在“盲人摸象”。那么在我这个团队当中，大家如何通过信息和观点的交流完成战略的生成呢？唯有共谋。所以，组织当中一定存在这种共谋的过程。

当然，高管还要与下级共谋。我们看到的现实是，在很多情况下，高管们在企业内部搞“一言堂”，因此，高管所谓的征求意见，换来的却是鸦雀无声。没有人愿意和你交流，这其实是很可怕的事情。因为即便是“一言堂”的高管，他也可能会提出很有质量的建议。而这个建议在实施的过程中，难免会有一个与环境相适配的过程，这也是下属在一线的真实体验。如果这种体验或者感知不能被及时反馈回来，那么高层的战略就成了无根之水，无法落地生根，不能够与环境形成进一步的适配。

所以，有领导力的高管，他与下级也要有一个共谋的过程，即形成一种调节机制，通过战略的共谋能力形成战略领导力。

“有领导力的高管，他与下级也要有一个共谋的过程，即形成一种调节机制，通过战略的共谋能力形成战略领导力。”

（三）战略推动

当战略有了方向，高管能否给予推动实施？能不能在自己直属的领域内创造员工参与的氛围？在定战略的时候，员工能够群策群力，提供信息与机会的研判。在执行当中，一线员工发现偏差时，能够把信息反馈回来并给予调整和完成适配。在这一过程中，高管要清楚战略成败的关键领域，并且要自始至终围绕着成功的领域去做事。

我在企业里面与很多高管有过交流。我发现，那些有效的、能够取得成绩的高管永远是清醒的，他们永远知道，当前最重要的事情是什么。而那些无效的高管，很多时候也是事务缠身，脑子里面官司无数，但是他没有优先秩序，在大量的不重要的事情上消耗了资源和时间。所以，**判断管理者是否有效，最重要的指标就是看他是不是知道最重要的事情是什么**。一旦确立了当前最重要的工作，即使再多的干扰，他都能够盯住重要的事情不放手，把那些干扰事项交给别人做，或者在资源的配置上分出轻重，绝不让重要的资源分散掉。

这些都有助于判断高管是否有推动战略执行的能力。

还有一点，要有敏锐的“人感”，即对人的感觉，能够把战略成败的关键事项交给合适的人，把人与事匹配起来。在这个过程中，他也要根据对某个人的感知来调整做事的方向，使人和事的适配度达到最高。所以，有敏锐的“人感”，也是战略领导力在战略推动方面的一个体现。

二、文化领导力的行为特征

高管在文化方面的领导力，体现在能否影响公司文化的形成。我把它总结为两个方面。

（一）良好的文化感

作为一名高管，一定有对公司文化的质感。比如阿里专门为招聘设置了“闻味官”，意在寻找与公司价值观相匹配的，对公司文化有质感的人才。如果这个人从文化上不能适配，那么即使再优秀，公司也不能考虑。

我们知道，文化在很多时候可体验、难描述。记得西方人在谈文化的时候，引用了一位美国法官的说法。这位美国法官即将指控一名犯罪嫌疑人涉嫌传播淫秽制品，但对方的律师反问道：什么是淫秽制品？法官想了想，确实没有相关法律上的严格定义。但是他的回答很有力量，他说，我没有办法定义，但是一旦把它放在眼前，我就知道它是——从这里可以看出，文化可能并不好定义，但是你在身临其境的时候，自然会有所体验，并且能够捕捉到拥有同样文化的这群人的感觉。而所谓的公司传承是什么？它需要人在文化上的共鸣。这个时候，对于组织文化，高管人员一定会有相应的质感，他能够在不断变化、复杂的业务场景中不断地诠释它。

那么，一个公司的文化在具体的业务场景里怎么展现呢？比如在客户导向的公司，重视客户是一种文化。但是在不同的业务场景下，比如在客户界面，在研发场景中，在高层做决策的时候，分别会有哪些具体的表现？都需要由高管人员进行基于场景的转换。并且，高管人员还要在业务的进化当中不断丰富和清晰文化的内涵。这就是说，一个公司的文化是在进化当中不断丰富的，而高管人员的责任是，如何把这些案例提炼出来，去影响公司的整体文化。就像前文提到的美国法官一样，要通过不断发生的新的案例来完善本国的法律体系。这样，当他遇到一个没有判决过的案例时，因为无据可依，只有依据他所熟悉的法治精神给予裁决。由于美国的法律属于判例法系，因此，这个判例在生效之后，自然会成为美国法律体系的一部分。

因此，高管有没有对企业自身文化的质感，能不能感受到公司文化的样子，能不能把文化的质感传递给下属，就变得特别重要。

（二）创建文化场

对高管而言，要有创建积极、正向的文化场，使人处于一种值得信赖的场景当中的能力。只有在这样的场景当中，才能调动人的自驱力。所以，值得信赖和能够调动人的自驱力的文化场，正是需要高管去创造的，并且是高管在做事情和带队伍的过程中，要身体力行示范的。

三、组织领导力的行为特征

在建组织的过程中，高管人员能不能匹配企业建组织的能力？能力能否支持你领导的公司形成组织？要具备组织领导力，必须要具备以下六方面的行为特征。

1. **组织中人**。高管要想具有组织领导力，他首先必须是组织中人。所谓的组织中人，就是要有合作精神，要遵章守纪，要对组织有信念。一些高管本身的责任就是建组织，而我们在很多公司看到，他本身却是一个擅长破坏组织的人。而且，他从内心就不相信组织是能够建起来的，尤其不相信自己也能够建成一个组织，以至于这个公司始终处于无组织状态。其实，对于高管来讲，最重要的责任就是建组织。你不仅不能成为破坏组织的人，而且要始终保持建组织的信念。

2. **原则素养**。组织一定要建立在一组原则之上，使组织内所有的人在面临同样性质的事情和遇到不同类型的人时，都能遵循同一种原则，掌握同样的分寸。其实，对于一个组织来说，一旦在不同的事项上建立起统一的原则，使所有人在处理事情时都了解相关的原则，这个组织就是一体化的。我在《华为基本法》的相关课程里就曾经讲过，组织的原则体系是需要逐步澄清、外化的过程。我们的高管有没有这样的原则素养，能不能把同类事物抽象出同一个原则，并让所有的下属都能掌握？如果你有这样的原则性思维，你就能够去建组织。反之，高管人员如果只能处理一件又一件的事务，却不能针对不同类别的事务进行思考，更不能针对类型抽象出原则，他就很难拥有建组织的能力。

> **对高管而言，要有创建积极、正向的文化场，使人处于一种值得信赖的场景当中的能力。**

3. **流程素养**。我们知道，建组织一定会是很多人、很多工作串联起来的过程，而这个过程就需要流程。

4. **识人育人**。带队伍，为队伍创造成长的环境，需要识人育人的能力。

5. **关系连接力**。在不同的组织当中，高管人员要有把内外部的关系连接起来的能力。

6. **尊重事实**。创造实事求是的环境，要保证内部的信息不被干扰，因为信息是客观的。我们知道，决定有两个依据：一个是价值判断，另一个是事实判断。所以，如果你创造了实事求是的环境，又有统一的价值观，你只需要把事情授权给那些了解情况和专业化的人，组织的分权就有了基础，组织就能够建起来。凡此种种，就是组织领导力。

四、变革领导力的行为特征

我们知道，组织一旦建成，它是有惯性的，整个企业都会沿着这样的惯性去发展。那么，当企业需要调整发展方向时，对高管来讲，所面临的核心问题就是，组织也必须做出方向上的改变。这时，高管有没有能力去调整？所以，对组织来讲，变革也是个大命题。

我们在研究企业成长的时候发现了一个基本规律，即有变革能力的公司，就能活得更久。很多公司并不是死于无知，而是死于看到机会却无法转型，因为它的变革能力太弱。这时，对高管来讲，就必须具备引导变革的能力，这其实也是高管战略能力的延续。战略如果是在同一个方向上，高管只需要配置资源即可。但如果方向发生改变，组织肯定要匹配变革。

1. **创造变革的氛围**。当企业内部发出了变革的信号，组织中的焦虑情绪必然会漫延——所有的人都不希望变化，是吧？当发生变化的时候，人的焦虑缘于自己无法适应新的环境，这是一种生存焦虑。所以，每个人都不希望发生不可预见的变革。这时，如何营造出一种氛围，如何动员群众，让大家克服焦虑，并能为其提供支持和激励，就是对高管变革领导力的考验。

2. **勇气和信心**。在面对变革的情况下，很多领导者都感觉“压力山大”，因为变革是高风险的，就像弯道开车，必须全神贯注。对于高管而言，企业变革需要付出大量的心力，必须全神贯注、全力以赴。如果心力不够，这个企业的变革就很难成功。

所以，对于一些准备发动变革的企业，我要首先观察它有没有变革的空间，它的领导者和核心团队有没有心力，以及有没有条件进行一次变革。

3. **系统的思考力**。

4. **远见与开阔的视野**。

5. **有追求**。

我们知道，变革是要素的重构。在这个过程中，高管能不能进行完整的思考，就是变革领导力的另一个指标。

讲到这里，一定有人质问我，这么多的能力要求，对高管而言，是不是太苛刻了？

我们知道，要根据工作的要求来定义能力。但是现实当中，没有人能够在一瞬间获得这样的能力，更没有人能在突然间做到完美。企业有成长的过程，管理人员也要有个习得的过程，所以，才会把领导力划分为这样四个层面。同时我认为，它们的难易程度也是从低到高的。比如战略领导力就是一个必须得有的“门槛”能力。如果一个人连思考方向的能力都没有，也不会部署，那就很难拥有战略领导力。而文化领导力又要比战略领导力更难一些，变革领导力的难度级别就更上一层。

当然，每一个领导力的层面都存在不同的等级，有不断进步的空间。而从前往后、从易到难的过程，其实就是高管人员的成长过程。

注：《苗兆光谈真高管》系列文章是根据作者在华夏基石 · 百家管理讲坛的讲话整理编辑，原文发表于华夏基石 e 洞察微信公众号。整理者：叶未央。

价值为纲：构建公司经营之魂

■ 作者 | 何绍茂

《价值为纲：华为公司财经管理纲要》这本书在 2017 年就已经公开出版了，在企业界影响很大。借着这个机会，我们对这本书做一些解读。在开始之前，我想先讲一下我为什么会开“找魂：构建公司经营纲要”这门课。

我本人大学毕业开始工作到现在已经将近 23 年了。在这 23 年的工作过程中，从央企到民企，我跟诸多企业家交流时发现，这些企业家在企业经营过程中面临着普遍的发展痛点，我总结为战略落地、资源配置和业财融合三大领域的“八大痛点”。

1. 业务跑得快，抱怨财务“菜”。财务作为支撑部门，有的时候可能跟不上业务的步伐。比如华为要求财务懂业务、业务懂财务。业务高速发展的早期，财务可能会拖后腿。毕竟业务导向扩张，而财务导向控制，要平衡扩张与控制，要有底线思维、风险思维，这也很正常。

2. 业务“吹牛不上税”，战略规划难落地。这个问题不光在一般的企业，甚至在标杆企业——华为，也曾面临过。从 2006 年前后引进 IBM 的 BLM（业务领先模型），开始系统编制“803 规划”，持续至 2013 年，还面临这个问题。2014 年，我们在推行全面预算管理（PB&F）变革的时候，财经规划部门开发了一个模型，才把这个问题逐渐解决。

3. 业务战略高大上，一线作战手无粮。每一次老板把业务战略讲完，到最后落地的时候，一线手里没有资源，落不了地。业务战略看起来很高大上，一线作战时手里无粮，只好无奈地把战略锁进抽屉。

4. 资源“按哭按闹”分配，员工心力交瘁。这是资源在配置上的问题。资源“按哭按闹”分配，业务一把手——CEO，财务一把手——CFO，成为矛盾的焦点，心力交瘁。“一哭二闹三上吊，会哭的孩子呵呵笑”，预算人员、CFO、CEO 不堪其累。

5. 预算目标偏差大，管理没有好方法。预算本身是一门学问。所谓预算，一个是“预”，对未来要有预测，同时要预备好资源，叫“预见未来”；一个是“算”，要概算、要预算、要核算、要决算，当然，最重要的，是“预见未来”，“编了要算”。但很多公司把预算编得高高的，年底完不成。把预算、预测、KPI 等混为一谈，对预算的作用、目的理解上有偏差。年初定完预算目标，年底达不到，缺乏有效的管理方法。

6. 蜻蜓点水看经营，一号位黯然伤神。编完预算后，需要分析执行情况，暴露问题，定位根因，找到解决方案，闭环管理，这就叫经营分析。问题在哪儿？我总结了一句话叫“蜻蜓点水看经营，一号位黯然伤神”。一号位就是老板、CEO。很多企业每次开经营会，大家都说这是公司的体制、机制问题，我们在不断重复昨天的故事，重复昨天的问题。但大家有没有想过，我们本人也是体制、机制的一部分？要想想怎么能改进。

7. 年初忙得团团转，年终盘点没钱赚。这个痛点，主要讲的是结果和预期、功劳和苦劳的问题。金一南将军说，军人最大的贡献，不是牺牲，而是胜利。作为企业，员工最大的贡献，不是加班，不是苦劳，而是打胜仗、打粮食、签单、赚钱，是功劳。

8. 业务数据真好看，财务结果很难堪。经常有业务的一把手，跟老板汇报，说流量增长多少倍，日活增加多少倍，业务数据真好看。但一问收入、回款，几乎没有，财务结果很难堪。给老板讲故事、讲语文，没有结果、没有数学，“无言的结局”。

以上八句话或八大痛点。第一句讲业财融合，第二句讲战略制定到落地执行，第三句讲业务战略到资源配置，第四第五主要讲资源配置，第六讲经营分析，经营分析是一个工具，保障预算落地，而预算要保障战略落地。第七第八句讲的还是业务战略到财务结果、业财融合的问题。

针对这八大痛点，我们团队的使命，就是希望通过拉通业务战略到财务结果，实现真正的业财融合，支撑企业的业绩十倍增长。我所开设的“找魂：构建公司经营纲要”这个课，将以解读《价值为纲：华为公司财经管理纲要》为主，分为四个部分：一是企业经营的目的究竟是什么？二是华为公司经营的理论与实践。三是华为总结的价值创造规律和价值管理任务的一些实践。四是标杆企业的实践对我们有哪些启发，我们能做什么，如何构建我们自己的“经营之魂”？

一、企业经营的目的究竟是什么？

现在全球四大经济体，2022 年 GDP 的初步预测，第一是美国，25.46 万亿美元；第二是中国，18 万亿美元；第三是日本，4.3 万亿美元；第四是德国，4.06 万亿美元。

> 隐形冠军有两大支柱战略，一是业务聚焦，二是全球化，核心就是两个字：聚焦。

这个数据的背后，隐含着什么？德国的管理学家、思想家赫尔曼·西蒙写了一本书，叫《隐形冠军》，揭示了德国制造的奥秘。由于这本书畅销多年，想必大家有所阅读，这里我就不介绍里面的内容，但我想再提示一下德国隐形冠军企业特质。第一，有效的领导和雄心勃勃的目标。目标远大，在细分行业聚焦，具备钉钉子精神。华为消费者 BG、CEO 余承东在接受嘉宾商学创始人吴婷采访时讲道：“我们要做就做全球第一。不做到第一，我自己心里这关过不去。”这就是钉钉子精神；第二，有创新和高效的员工；第三，亲近客户、有竞争优势、面向全球、有专注力。

这第三点在德国著名的沃尔特公司有集中体现，沃尔特是螺丝螺母制造企业，它的产品已经畅销全球 80 多个国家和地区，占全球 80% 以上的市场份额，每年高达 70 亿欧元的销售额。这意味着什么？就是从天上的火箭、飞机到小朋友的玩具车，包括最高端的灯具等，都在用它的螺丝螺母，它可以说是“工业之母”。一是亲近客户，沃尔特跟波音公司这些大型制造企业建立了稳定的合作关系；二是建立自己的竞争优势，把产品做到全球最好；三是面向全球化市场；四是专注力，聚焦单一的市场，在不同地区的同一种细分市场聚焦螺母生产这样一个细分领域。

隐形冠军有两大支柱战略，一是业务聚焦，二是全球化，核心就是两个字：聚焦。德国人口不足 9000 万人，还是个小市场，但这两大支柱战略使德国拥有全世界最多的隐形冠军，占了 48%。

我们再来看日本企业，大家都知道，日本企业的突出特征就是长寿，千年企业有 7 家，100 年以上的企业有 3 万多家。为什么日本有这么多长寿企业？学者钟山总结了五条：第一是“重视本业”。第二是“诚信经营”。第三是大家经常讲的“匠人精神”，这是日本跟德国很像的地方。第四是“超越血缘关系选择继承人”。这一点在日本很特别。据说日本企业家更喜欢生女儿，而不是生儿子，为什么呢？因为生女儿可以选女婿。生女儿之后，在公司里找优秀的、名校背景、精明强干的员工来做女婿，让他来接班。这个选择的余地就比让儿子接班来的大了，所以叫“超越血缘关系选择继承人”。第五是“保守的经营作风”。

为什么德国的隐形冠军能够雄霸天下？为什么日本的长寿企业能冠绝全球？我想这是每一个中国企业都应该思考的问题。

基于这些案例，中国的企业想要找到经营之魂，就要构建我们自己的经营纲要，尤其是落到财经管理纲要上来。

二、华为以“价值为纲”的财经管理

华为的财经管理纲要核心就六个字，“长期有效增长”。这也是华为对公司价值的追求。

在《价值为纲：华为公司财经管理纲要》中有句话很重要，叫“长期有效增长”，就是“一定利润率水平上的成长最大化”。这句话是 1996—1998 年，彭剑锋、黄卫伟等六位教授起草的《华为基本法》里就有的，“一定利润率水平上的成长最大化”，不是追求最大利润，而是合理利润。

也就是说**“长期有效增长”，是基于一定利润率水平之上的成长最大化**。我整理了华为（图中用“H”指代）从1987年成立，到2022年的收入、净利润，可以看到它们在稳步向上（见图1）。

华为历史上仅有的两次收入下降：第一次，2002年——华为的冬天，收入是175亿元；第二次，2019年的“5·16”美国的实体清单制裁之后，2021年，收入下滑，从8914亿元的历史最高点，下滑到6368亿元。但净利润额一直是正的。这也是华为虚拟受限股背后的逻辑。正如我在之前文章里分析的**“华为不上市，分红靠什么？”就是靠净利润，靠每股收益（EPS），靠每一股赚的净利润**。如果净利润是亏损，就分不了红，净资产下滑了，员工投的钱还贬值，配股就没有吸引力了。所以，为什么华为能够一直盈利？就是因为制度的设计倒逼它必须要盈利。

华为的营收、净利润后面体现什么样的价值？华为轮值董事长、集团CFO孟晚舟在2022年3月28日的年报发布会上讲了一句话：“华为真正的价值在于长期在研发上的投资，所沉淀和积累起来的研发能力、研发队伍和研发平台，这才是华为构建长期、持续竞争力的核心”。我们再看时任轮值CEO、

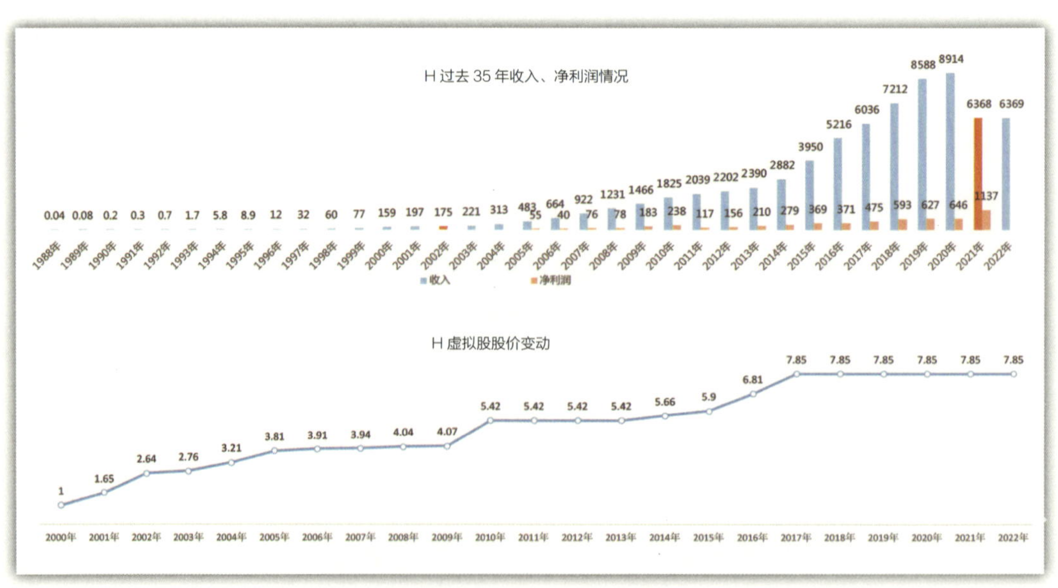

图1　基于追求的历年营收、净利润

现任监事会主席郭平是怎么说的："公司价值是公司各种要素和能力的综合反映，销售额大小不能代表一切，当期财务报表也不能完全反映公司价值"，"在公司持续经营的条件下，这个价值表现为公司现实的获利能力和未来潜在获利机会的货币化表现"，"因此，华为对公司价值的追求，只能是持续有效增长"。这就是华为财经管理纲要的核心。"董事会财经委员会的职责是平衡机会牵引和资源约束，管理好公司的价值"。

我们再看看 IBM 过分追求运营优化和 EPS 为纲的"苦果"。

IBM 的故事大家都比较熟悉。1911 年成立，到 1984 年的时候，已经是全美极受尊敬的公司。20 世纪 50 年代到 80 年代，可以说是 IBM 的天下。但是到了 20 世纪 90 年代， 1991 年、1992 年、1993 年，三年累计巨亏 162 亿美元。这个时候，CEO 郭士纳临危受命，他上任半年内做了六件事情：削减成本，调整结构，确定发展根基，明确企业文化，重构领导集体，展示愿景、激发雄心。公司 1993 年还亏损 80 亿美元，到 1994 年扭亏为盈，盈利 30 亿美元。郭士纳强调什么——以市场为驱动力，而不是关注内部的以流程为驱动力。这将 IBM 拉出了低谷。2002 年，郭士纳圆满交班，彭明盛接任。彭明盛提出了运营优化和 EPS 为纲。运营优化本身没有问题，我们重点讲一下 EPS 为纲。

EPS，Earning-Per-Share，就是每股收益，净利润额除以总股数。所以，EPS 很显然是关注净利润，以终为始。应该说，听起来没有问题，但是过于追求财务指标，导致了公司内部对客户的价值、对人才的培养、对长期要构建的能力即我们现在讲的长期主义和价值主义，不太重视。因为过于关注 EPS，如果净利润下降，就想办法让毛利变高，做法是削减低毛利产品。把 PC 业务、服务器卖给联想，然后再做些回购，把分母的股数也做小，EPS 就上来了。结果是什么呢？"登上了珠穆朗玛峰，但喜马拉雅山的山脚被人围住了。"这就是 EPS 为纲的"苦果"（见图 2）。

通过图 2 可以看到，IBM 的股价，1967 年就已经非常高了，估值达到 1930 亿美元，雄霸全球 20 年。到了 2023 年 2 月 13

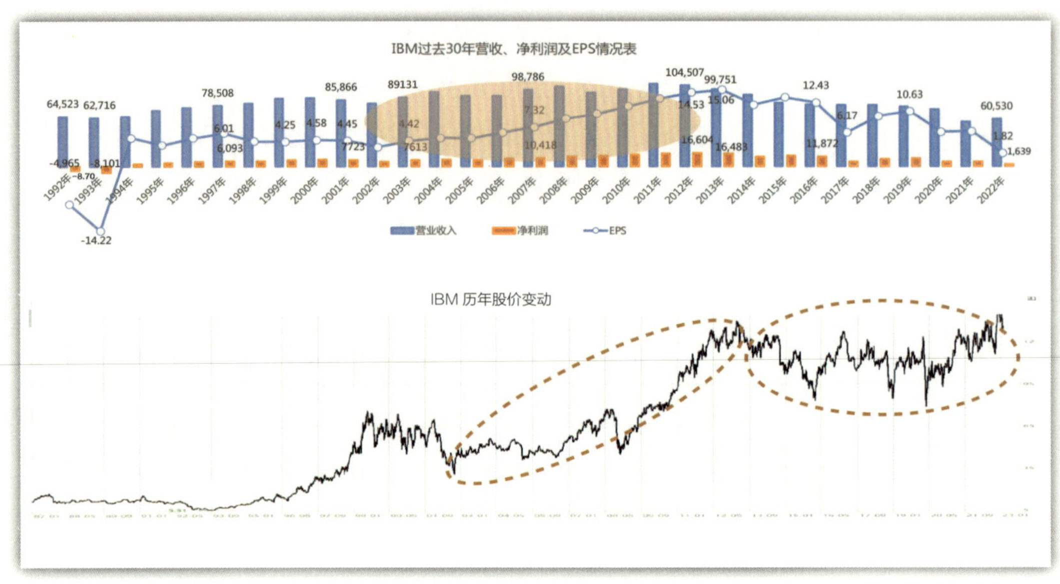

图 2 IBM：过分追求运营优化和 EPS 为纲的“苦果”

日，IBM 估值 1231 亿美元，相当于 1/10 个谷歌。IBM 曾是个富有战略思维、战略远见的公司。早在 2000 年前后，它就提出了“智慧地球”的概念。彭明盛以 EPS 为纲的这十年，从 2002 年到 2012 年，股价在往上走，因为它的净利润每年都向好，但 2012 年他把指挥棒交给罗睿兰之后，IBM 的股价，至今十年，还有下降。所以，从经营的追求上，我们看初心究竟是怎么影响我们的。IBM 创始人的儿子小托马斯·沃森说，“我坚信，决定一个企业成败的真正因素，经常可以归结到这样一个问题：这个企业是如何激发其员工将自己的能量和才能发挥得淋漓尽致，这个企业采取了哪些措施来帮助人们找到他们的共同事业呢？它又是如何指导人们坚持正确的方向不断前进。尽管他们之间可能存在着这样或者那样的竞争和分歧”。这是他的初心。他认为，如何维护自己事业的坚定的方向，答案就在于，承认信念的影响力，以及这些信念对员工的吸引力。

这也就是前面讲的经营的追求，经营的目的，公司的使命。郭士纳在拯救IBM之后，写了一本书，《大象也能跳舞》。但现在，我们不禁要问，大象还能起舞吗？ 1990 年 IBM 还排在全球市值 Top10，但十年之后的 2000 年，以及 20 年之后的 2020 年，

IBM 虽然还算不上被这个时代所抛弃，但影响力已不复当年。早早提出“智慧地球”概念的 IBM，在云业务上丢单，输给了亚马逊。大象可能有点笨重了，这就是 EPS 为纲的“苦果”。

三、财经的进步是一切管理进步的支撑

我们接着以华为为例，分析标杆企业的价值创造规律和价值管理任务的实践及启示。

《价值为纲：华为公司财经管理纲要》中对“扩张与控制”“价值管理”是如何认知的？一个是价值创造的规律；一个是这些价值创造的规律要通过价值管理的任务落实下去，最后形成公司年度、月度例行的工作，才能使经营的追求“向上捅破天，向下扎到根”。

（一）财经管理纲要是什么？

沿着 IPD、LTC 等主干流程，识别其内在管理的本质和内涵。这些本质和内涵，以哲学的方式呈现，这就是财经管理纲要。

听起来有点虚。其实可以理解为，公司的主干业务，就三件事情：第一是把产品造出来，这叫 IPD，集成产品开发；第二是把产品卖出去，并回款，这就是 LTC ，线索到回款；第三是售后服务，ITR，问题到解决。这三大主干流程是直接创造价值的。

在价值创造过程中，我们要识别其内在管理的本质，就是怎么创造价值的？它有什么规律？施瓦辛格肌肉这么发达，他是怎么做熵减的？他是天天吃完饭就躺下睡觉呢？还是挥汗如雨健身撸铁？只有不断地熵减，肌肉才能如此发达。财经管理纲要就是要识别这些“肌肉”发达背后的规律和熵减活动。

（二）财经管理纲要是平衡的哲学

要做好三个平衡。

第一，平衡扩张与控制。这也是《价值为纲：华为公司财经管理纲要》第一部分的核心。扩张是什么？扩张是业务导向，要往前冲。有一句很深刻的话：我们不要划船的姿势多么帅气，

我们要的是向前走，船往前划。这就是扩张。扩张是业务导向，是基于机会，机会牵引扩张。什么是控制？我在华大高研班讲财经管理纲要时，经常说一句话，就是我们的业务是有冲劲的，但是业务的冲劲，不能像一匹脱缰的野马，信马由缰。而是要做训练有素的骏马，跑得稳健而持久。河水得在主航道里流，才不会肆意泛滥。这个主航道，就是流程。这些要控制，通过战略、运营、财务等管理手段、工具，让扩张更能守住底线，更合规，使人睡觉时不做噩梦。这叫控制。

第二，平衡效率与效益。效率、效益本身既是一个过程，也是一个结果。比如说我们的中台组织，现在很多互联网公司提中台组织，要的是什么？效率。**因为你做的事情，80% 是确定性的事情，所以要对效率负责**。而一线的组织，比如说代表处、区域作战部门要什么？要效益，要对效益和风险的把控负责，而对风险把控的目的，也是有效益。什么叫有效益？就是挣钱，正的收入，正的利润，正的现金流。有些场景，我要效益，可能领带没打整齐，鞋子鞋带没系好，身上还有泥巴。有没有问题？没有问题。只要往前冲，但是大节不能有亏，底线要守住，这就是财经要做的事情。

第三，平衡"活下来"与"活得久"。做完以上事情，也许就能活下来。但是今天能活下来不等于明天能活下来，明天能活下来不等于后天能活下来。要活得久，就得洗盐碱地，蛮荒之地也得去拓荒，去投入。所以，**活下来，活得久，就是财经管理最终要实现的平衡**。

其实除了"财经管理纲要"，华为还有"业务管理纲要"和"人力资源管理纲要"。这三个"纲要"之间是相辅相成的。

业务管理纲要讲如何扩张，讲如何打胜仗，所以要力出一孔，它的核心是解决生产力的问题。我们的研发部门、客户销售部门如果是以客户为中心，聚焦客户面临的挑战与痛点，并解决客户的痛点，就代表先进的生产力。**什么叫以客户为中心？核心是使客户跟你合作能够获得商业成功。我们不能只关注自己的 KPI，还要关注客户的 KPI，甚至再往前走一步关注客户的客户的 KPI**。如果你让客户满意了，客户就愿意把订单给你。

这叫以客户为中心。

人力资源管理纲要，讲的是利出一孔，解决的是生产关系问题。要激发生产力，就要把生产关系协调好。要能够“胜则举杯相庆，败则拼死相救”，要能够心情愉快地共建、共赢，这叫利出一孔。利出一孔才能“力出一孔”。

而**财经管理纲要就是一道大坝，通过核算这个指挥棒获得战争指挥权，解决价值评价问题**。人力资源管理纲要作为另一道大坝，通过激励机制来协调生产关系，解决价值分配问题。好的分配机制能促进价值创造更聚焦，更能迸发生产力。除了这三个纲要：还有监管纲要、公共关系纲要……所以，华为管理的核心就是这三个纲要：一个价值创造，“力出一孔”；一个价值评价，长期有效增长；一个价值分配，利出一孔。

四、价值创造规律与价值管理的六项任务

（一）价值创造规律

价值创造规律既是对公司过去的追求和为客户创造价值的经营管理活动的总结，也是业界关于价值创造理论的成功实践（见下表）。

价值创造规律

价值驱动因素（中长期）	价值创造的规律
战略健康（方向大致正确）	1. 发展是硬道理 2. 集中优势资源，在主航道、主潮流上取得胜利
商业、成本结构和资产健康（竞争力构筑）	3. 深淘滩、低作堰 4. 开放、竞争、合作
组织健康（组织充满活力）	5. 聚焦价值创造，不断简化管理 6. 成功不是未来前进的可靠向导

那么，价值创造有哪些规律呢？在《价值为纲：华为公司财经管理纲要》一书中，总结了六条：

第一，发展是硬道理。发展是硬道理，在发展中解决问题。企业也一样，关键是要发展，要增长。企业发展的关键就是两条：第一个是投资，第二个是变革。我们讲投资。投资是为了什么？

为了未来的产出。投资要回答三个问题：投给谁？这是战略方向问题。投多少？这是投资强度问题。何时投？这是投资节奏问题。

第二，集中优势资源，在主航道、主潮流上取得胜利。核心是要聚焦。**查理·芒格说，捕鱼的第一条规则是，去有鱼的地方捕鱼。捕鱼的第二条规则是，千万别忘了第一条。总之一句话，要去有鱼的地方捕鱼，这叫机会牵引。**但我们的资源有限，所以战略竞争力量不能消耗在非战略目标上，不能过分机会主义，要有战略耐性。好钢用在刀刃上。这就叫资源驱动。用任正非的话说，“磨好豆腐，发好豆芽，用乌龟精神追上龙飞船”。当然，方向大致正确后，谁去推动战略落地呢？组织。所以组织要充满活力。组织要健康，肌体没有腐肉。有腐肉、有毒瘤就要切除。华为对腐败问题零容忍，一旦发现干部腐败问题，立即开除，严重的移送司法机关，就是要维持组织的健康机体。

组织要充满活力，就要不断简化管理，聚焦价值创造，敏捷响应客户需求。

第三，深淘滩、低作堰。多从内部发掘潜力，提高运营效率。把困难留给自己，把简单留给客户，降低交易成本，让利给上游供应商、下游客户，构建和谐生态链。

第四，开放、竞争、合作。和生态伙伴一起打造有竞争力的全产业链。这是价值创造规律中很重要的一条：商业、成本结构和资产健康，构筑公司长期竞争力。组织要充满活力，就要不断简化管理，聚焦价值创造，敏捷响应客户需求。同时，要不断自我批判，用明天的我否定今天的我，自我革新，自适迭代，成功不是未来前进的可靠向导。

第五，聚焦价值创造，不断简化管理。如何理解这条？华为在 2012 年 12 月 31 日轮值 CEO 的新年献词中提出简化管理，2014 年 3 月，华为大学高研班试开财经管理纲要课，也特别提到简化管理。怎么简化呢？就是要不断地对一线进行授权。2018 年 12 月 17 日，任正非签发了一个文件《合同在代表处审结的试点方向与改革要点（试行）》（总裁办电子邮件电邮通知〔2018〕130号），要求合同在代表处审结。2019年1月，按方案正式启动“阿根廷和哥斯达黎加代表处”的全面试点，准备用五年至十年来最终实现，宁可走得慢，也要走得稳。华为公司要求机关和地区不要以“试错和容错”的态度，让试点代表处放下心理包袱，愿意并敢于试验。以对一线充分授权来激发代表处在内外合规基础上，多打粮食、增加土壤肥力、提高人均贡献的主观能动性，将代表处建设成“村自为战、人自为战”的一线经营堡垒。2022年12月30日华为轮值董事长徐直军的新年献词里也强调了这一点。

第六，成功不是未来前进的可靠向导。2017年诺贝尔经济学奖得主理查德·塞勒写了一本书，《赢家的诅咒》，内容是关于避免陷入赢家的诅咒。2011年后，华为成立企业BG、消费者BG，2017年成立Cloud BU，2019年成立智能汽车解决方案BU，从单业务到多业务，从To B，到To B + To C，从中央集权到逐步放权，从追随者到领导者：内部的业务，外部的经营环境，都在变化。这些变化就是“云”。“云”在不断地变化（理念、变化都属于“云”的范围）。怎么应对？一要自我批判，建立自我纠偏机制；二要进攻，最好的防守就是进攻。

以上是财经管理纲要总结的价值创造的六条规律。

（二）价值管理的六项任务

价值管理有哪些任务？华为财经管理纲要总结为6项：

(1) 以规则的确定应对结果的不确定；

(2) 机会牵引与资源驱动的动态平衡；

(3) 提升经营质量，实现业务的快速健康发展；

(4) 加强计划、预算、核算体系的建设；

(5) 探索适应公司长期发展的资本架构；

(6) 加大对一线的授权，并进行科学监管。

第一项，规则的确定。规则是指资源配置规则、经营管理规则、计划预算核算资本结构的规则，授权监督规则……这些要明确，应对未来的变化以及结果的不确定。其实这些都是我们很难把握的，只有通过变革、通过规则的确定来应对不确定。

第二项，机会牵引与资源驱动的动态平衡。考虑市场份额、市场增长率，在不同场景下的不同选择。比如说你的市场份额很低，增长率也低，那得撤退，典型案例就是华为在美国的战略，就是撤退。美国的运营商通信设备市场不让做，没有份额，也没有增长，那还留在美国干吗呢？

第三项，提升经营质量，实现业务的快速健康发展。这里有几个抓手：①从合同的源头抓交易质量。②以市场目标和竞争定价。这里要注意，定价很特殊，大家知道很多公司以成本定价，但很多企业是根据市场目标和竞争定价。③以销售融资促进销售，客户缺钱，帮助客户融资购买公司的产品。④以信用管理，促销售增长。给客户授信，给予账期赊销。⑤ 项目契约化交付、经营等，提高运营资产效率。这些抓手会形成我们的收入、利润和现金流。合同的源头交易质量抓好之后，按契约交付，客户也更有机会实现商业上的成功。

第四项，加强计划、预算、核算体系的建设。计划是龙头。战略目标确定后，就要编制业务计划。业务计划的货币化表达，就是预算。预算是业务计划的另一面。每个月有业务交易，就需要核算，核算结果会验证业务计划的有效性和预算的合理性。核算结果不理想，反过来驱动业务的优化、预算的进度执行和弹性管控。这就是计划、预算、核算的关系。

第五项，探索适应公司长期发展的资本架构，通过资本运营促进公司价值增长。资本架构就是指资产的结构，资产负债率多少，债务与权益，债务中的长债与短债。资金从哪儿来？扩股还是借款？大家都以为华为主要靠配股回笼资金，在早期也许是，但发展到了今天这个阶段，不完全是了。在华为公开披露的 2021 年报中，1623 亿元的长期借款，128 亿元的短期借款，而销售商品及提供服务收到的现金流入达到 7089 亿元，远超营收的 6368 亿元。强劲的销售回款和低成本的银行借款，才是它的主要资金来源。

第六项，加大对一线的授权，并进行科学监管。这些价值管理的任务，要有能力的财经组织来承接。这就要求财经管理必须走向职业化、流程化，财经必须懂战略，懂业务，懂专业。归根结底一句话，就是“财经的进步是一切管理进步的支撑”。

总结一下，华为价值为纲的财经管理纲要对我们广大企业，究竟有什么启示？概言之，首先，要确定我们的经营要素、经营追求、经营目的；其次，要思考，过去我们活下来，是因为我们做对了什么，要持续活下去我们还要做什么，我们还缺少什么。找魂，找我们的“经营之魂”，构建我们的经营纲要。这就是《价值为纲：华为公司财经管理纲要》中的长期有效增长、价值创造六大规律和价值管理六大任务给我们的启示。

注：原文首发于“华夏基石 e 洞察”，文中图表均由作者本人提供。

何绍茂

知凡叶茂主理人，中国注册会计师、注册税务师，华夏基石高级合伙人、副总裁，华夏基石战略财务研究咨询中心总经理，首席战略财务专家，嘉宾商学首席战略财务专家，华为前海外 CFO，《华为战略财务讲义》作者。

方法

CHINA STONE

每个企业都充满个性，企业的每个问题也往往都面临着个性化的场景，对企业“个性”和具体问题“场景”的把握，才是解决问题的关键所在。

——徐继军

国有企业“3+X”干部画像

——与政治素养相融合的国有企业干部能力体系建设

■ 作者｜王锐坤 华夏基石产业服务集团高级合伙人
史 华 华夏基石产业服务集团资深项目经理

近年来，中央对领导干部的各项规定中，关于领导干部的选拔任用，把政治标准放在突出地位。例如，《党政领导干部选拔任用工作条例》第三条规定提道：“选拔任用党政领导干部，必须把政治标准放在首位。”《中央企业领导人员管理规定》第十二条规定提道：“选拔任用中央企业领导人员，必须发挥党组织的领导和把关作用，突出政治标准和专业能力，树立正确选人用人导向。”

2018 年，中共中央办公厅、国务院办公厅印发《中央企业领导人员管理规定》(以下简称《规定》)。《规定》鲜明地将“对党忠诚、勇于创新、治企有方、兴企有为、清正廉洁”20 字要求写进总则第一条，并围绕夯实党在经济领域的执政骨干力量，建设高素质专业化中央企业领导人员队伍，提出了具体要求。首先，在选拔任用的基本条件中将 20 字要求逐一对应细化；其次，强调选拔任用中央企业领导人员，必须突出政治标准和专业能力，树立正确选人用人导向。在考察工作中应当突出考察政治表现，全面考察人选素质、能力、业绩和廉洁从业等情况，防止“带病提拔”；再次，加强对中央企业领导人员综合考核评价、经营业绩考核、党建工作责任制落实情况考核，强化抓改革、强党建、促发展、保落实等导向，引导中央企业领导人员做到忠诚干净担当；最后，强调以强化忠诚意识、拓展国际视野、提高战略思维、增强创新精神、提升治企能力、锻造优秀品行为重点，加强对中央企业领导人员的教育培训和实践锻炼。

一、对国有企业领导干部政治素养的细化解读

围绕党和国家对于领导干部的素质要求，尤其是《中央企业领导人员管理规定》中的20字要求，结合红色基因的精神内涵，根据近年来中央各项规定，我们对国有企业领导干部政治素养进行以下细化解读。

（一）对20字要求的解读

1. 对党忠诚

“天下至德，莫大乎忠”。衡量一个干部是否可靠，要看对党是否忠诚。国企干部做到对党忠诚，需要有坚定的信念，过硬的本领，以及坚决的执行力。内化于心，外化于行，在思想及行为上筑牢忠诚的堤坝。因此，我们从坚定信念、本领过硬和坚决执行三个维度解读“对党忠诚”。

■ 坚定信念：看一名党员、干部特别是高级干部的素质和能力，首先看政治上是否站得稳、靠得住。对党忠诚，首先体现在思想政治上能够忠于党，对党的信仰忠诚，对党组织忠诚，对党的理论和方针政策忠诚。

■ 本领过硬：坚定政治信念是基础，还需要提高政治本领，善于从政治上分析问题、解决问题，既要政治信念过硬，也要政治本领高强。

■ 坚决执行：对党忠诚要落实到行动上，内化于心，外化于行。自觉做到党中央提倡的坚决响应、党中央决定的坚决执行、党中央禁止的坚决不做。

2. 勇于创新

为什么要勇于创新？首先，理论的生命力在于不断创新，推动马克思主义不断发展是中国共产党人的神圣职责。这就要求党员干部用鲜活丰富的当代中国创新实践来推动马克思主义理论发展。其次，中国要强盛，要复兴，就一定要大力发展科学技术，努力成为世界主要科学中心和创新高地，建设世界科技强国。

国有企业要迈出创新驱动发展的步伐，需要有掌握专有技术、有权威、有学识的领导干部在创新中发挥主导作用，需要

有敢于作为的领导干部对阻碍创新的因素进行变革，扫清障碍，保障创新成果的实施。勇于创新进一步细化，落实在学习攻坚和变革引领两个维度。

■ **学习攻坚**：党员干部要跟上时代步伐，就要靠持续学习武装头脑，持续学习体现在以下两个维度：

通过学习马克思主义基本原理以及党的创新理论，增强政治判断力、政治领悟力、政治执行力，深化认知才能增强思想自觉和行动自觉，努力成为合格的“政治家”；

通过不断掌握新知识、熟悉新领域、开拓新视野，提升技术和经营管理能力，努力成为合格的“企业家”。

■ **变革引领**：变革引领的内涵在于，一要有勇于开拓的企业家精神，就是要敢于解放思想，解放思想是创新的基础，此外，还要有攻坚克难的勇气，具备创业心态、亮剑精神、直面问题、迎难而上；二要变革创新以求卓越，以科技创新和制度创新“双轮驱动”，强化企业战略科技力量，抢占先机，瞄准世界科技前沿，引领科技发展方向，助力“中国梦”的早日实现。

3. 治企有方

习近平总书记说，“党和人民把国有资产交给企业领导人员经营管理，是莫大的信任。”如何托得住莫大的信任，担得起光荣的责任，就需要在“治企有方”“兴企有为”上用功，在懂经营善管理上发力。在始终坚持党的领导前提之下，国企干部应基于国企自身的定位、使命和责任，牢控建立现代企业制度的方向，并以良好的人才培养和组织建设，带领国企的业务发展，保障国有资产的保值增值。因此，治企有方最终落实到牢控方向和效能建设两个维度。

■ **牢控方向**：治企有方，首先在于把方向，党员、干部要在始终坚持党对国有企业的领导这一重大政治原则的基础之上，牢牢把握建立现代企业制度这一方向，始终坚持全心全意依靠工人阶级办企业的方针，遵循市场经济规律和科学管理的方法，以达到经营管理国有资产、实现保值增值的经营目的。

■ **效能建设**：有了正确的治企方略，还要打造一只能打胜仗的干部铁军。组织在干部选拔任用时要注重干部队伍整体建设，建立坚持德才兼备选人用人风向标，聚焦企业核心任务选优配强领导班子，严把关口切实提高选人用人工作质量和公信度，营造良好的机制氛围以激发干部队伍生机和活力。

4. 兴企有为

国企干部应以国企强盛和发展为纲，立足本职工作，充分发挥个人和团队才干，在岗位上有所担当与作为，迎难而上，敢于斗争，破除国企发展道路上的各种阻碍，奋力走在前，争当排头兵，带领国有企业实现高质量发展。我们从勇于担当、敢于斗争和高质量发展三个维度对兴企有为进行解读。

■ **勇于担当**：中国改革推进到今天，比认识更重要的是决心，比方法更关键的是担当。有多大担当才能干多大事业，尽多大责任才会有多大成就，实现“中国梦”需要领导干部的担当精神。

■ **敢于斗争**：实现中华民族的伟大复兴还有很长的路要走，党员干部要继承和发扬艰苦奋斗的精神，以敢为天下先的勇气破除社会主义事业发展道路上的各种阻碍，在实践中培养斗争精神，提升斗争本领，永葆共产党人敢于斗争、敢于胜利的政治品格，始终保持党的先进性、纯洁性。

■ **高质量发展**：中国经济由高速增长阶段转向高质量发展阶段。推动高质量发展是立足社会主义现代化建设全局的战略选择，贯彻创新、协调、绿色、开放、共享的新发展理念，必须推动高质量发展，必须长期坚持，并把高质量发展同满足人民美好生活需要紧密结合起来。

5. 清正廉洁

国有企业领导人员层面的政治生态是全系统政治生态的风向标，“上梁”必须要正。如果不能廉洁自律，做人便缺失了骨气、做事便失去了底气、从政便丧失了根基。领导干部必须要绷紧纪律红线，巩固清正廉洁堤坝，切实做到权为民所用、利为民所谋、情为民所系。

始终坚持清正廉洁，着力提高国企党组织和各级党员干部免疫力，增强肌体健康，是国企建设的一件大事。国企干部应以身作则，引导每一位员工，自律和他律共举，内部监督与外部约束共建，打造国企政治生态的“绿水青山”。我们从清正操守和涵养生态两个维度解读清正廉洁。

■ **清正操守:** 国企干部手握重器，更要加强自律、慎独慎微，经常对照党章检查自己的言行，加强党性修养，陶冶道德情操，永葆共产党人政治本色。

■ **涵养生态:** “万物尽秋气，一室难为春”，如果大的政治生态出问题了，具体环境只会变本加厉地恶化，而不可能自我修复，政治生态一定要好。党员干部要从坚守从政品德，严明的政治纪律和政治规矩，忠诚履职、尽责担当，公正公开、选贤任能的用人机制等方面促成政治生态的山清水秀。

（二）对其他要求的解读

在习近平总书记对国有企业领导人员的 20 字要求之外，从一些书籍文献，以及党政机关的文件中，我们可以较为清晰地看出党和国家对国有企业领导人员提出的一些其他要求，在这其中，“全面从严治党”和“坚持群众路线”提出的要求最令人瞩目。

1. 全面从严治党

党的十八大以来，以习近平同志为核心的党中央身体力行、率先垂范，集中整饬党风，严厉惩治腐败，净化党内政治生态，重点在思想从严、管党从严、执纪从严、治吏从严、作风从严、反腐从严六个方面推进全面从严治党。

2. 坚持群众路线

我国的国体是工人阶级领导的、以工农联盟为基础的人民民主专政的社会主义国家。我国的政体是人民代表大会制度。中国共产党的宗旨是全心全意为人民服务。

因此，走群众路线，始终把人民放在心中最高位置，把实现好、维护好、发展好最广大人民的根本利益，帮助最大多数人追求最大幸福作为全部干部工作的出发点和落脚点。国有企业领导干部亦应顺承这一思路，将“一切为了群众，一切依靠群众，从群众中来，到群众中去”的思路贯穿至 20 字要求的各个维度里，落实在行动中。

综上所述，我们可以看出，国有企业领导干部的政治素养应以 20 字标准的“对党忠诚”“勇于创新”“治企有方”“兴企有为”“清正廉洁”5个维度为纬线出发，以“全面从严治党”“坚持群众路线”两个原则为经线进行构建（见图1）。

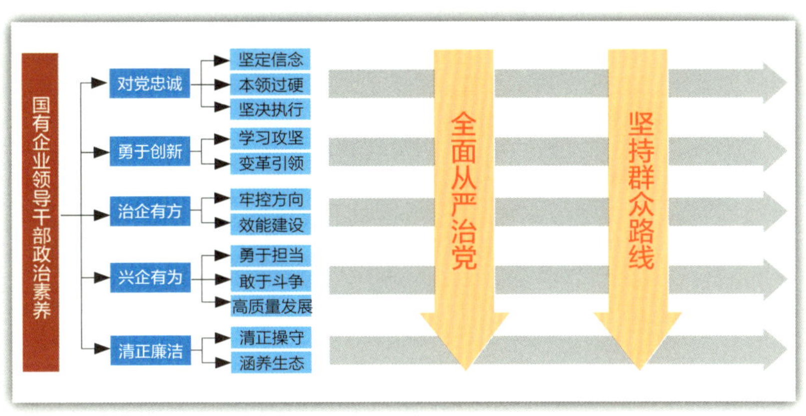

图1 国有企业领导干部政治素养解析一览

二、构建“3+X”国有企业领导干部素养体系

（一）与政治素养相融合的干部能力标准建设

干部能力标准是整个干部管理的核心环节和运行基石，既关系到选准人用好人目标的实现，又决定着用人成事的价值导向。国有企业在建立和完善干部能力标准工作中，必须将管理标准与政治素养相融合，认真贯彻习近平总书记对国有企业干部的20字方针，围绕干部工作的总体要求，勇于创新，着力探索构建干部能力标准体系理论模型，为建立分类分级、全面科学的干部能力标准体系建设提供科学思路和工作基础。

国有企业的干部画像，可从“政治素养、管理能力、专业能力”三个主维度出发，根据管理群体特点匹配关键历练、绩效表现、基础任职条件等附加维度，叠加成“3+X”的国有企业干部画像。

“3+X”体系更有助于国有企业看清“好干部”（其中，“3”指政治素养、管理能力、专业能力，“X”指其他个性化选项）。“3+X”体系既在20字要求和胜任力“冰山”中各自所有侧重，发挥“显微镜”的功能看清细节，同时“3+X”整体叠加又能覆盖二者所有维度，发挥“望远镜”的功能一窥全貌，助力国有企业看清管理者能力（见图2）。

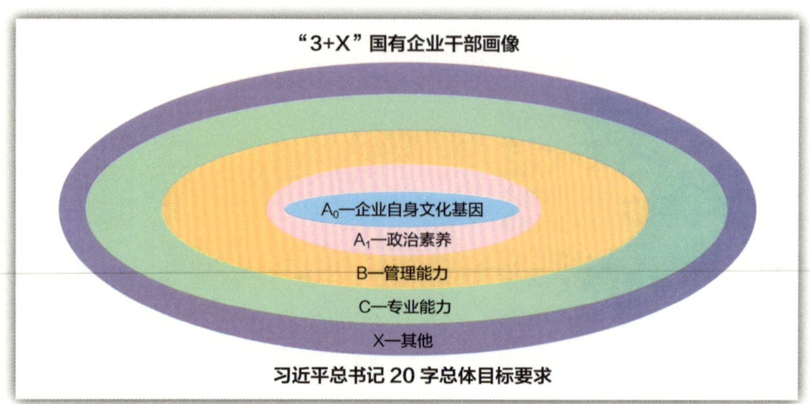

图2　20字要求与国有企业干部画像关系一览

在干部能力标准建构方面，不同的国有企业，应结合自身需要定义能力词条，并基于组织内部政治环境和管理现状，选择偏重政治素养建设还是偏重管理能力建设，灵活平衡政治素养和管理者素质所占比重（见图3）。

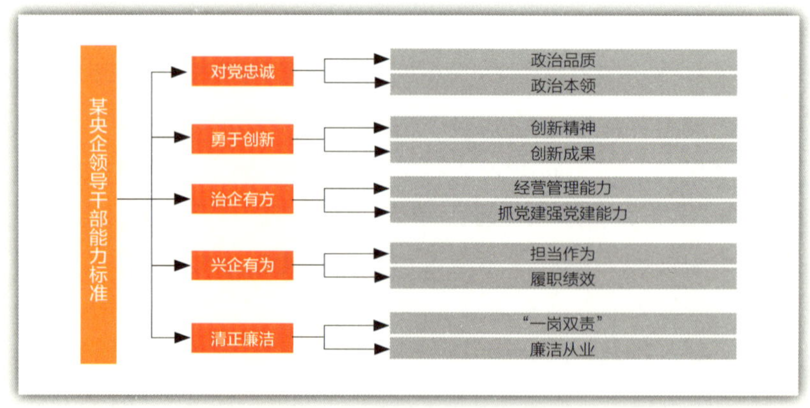

图3　某央企领导干部能力标准示例

（二）基于国有企业干部画像的干部评议体系建设

国有企业应基于干部画像的应用场景，在“冰山”模型全维度进行评价构面建设，建立统一的评价框架，由表及里、由浅入深、全面客观。整合所有评价工具，形成一体化评价平台，打通筛选评价全流程，覆盖全场景、数据全留存。针对不同构面，优选评价手段和内外部工具组合，形成预设的标准化干部评价“套餐”（见下表）。

国有企业干部能力评议方案示例

国有企业干部能力评议方案	
评议周期	年度评议、任期评议（深度结合“一报告、两评议”）
评议方式	个别谈话、述职、半结构化面试、民主评议（360 度访谈 / 问卷）、笔试
评委	直接上级、平级同事、下属（至少两名）、分管领导
结果应用	管理者人才盘点、选拔晋升与考核培养

（三）打造基于政治素养的国有企业干部管理体系

国有企业的干部管理体系建设，应将干部成长生态建设作为重要一环，融入党和国家事业发展战略，准确把握《推进领导干部能上能下规定》等干部政策界限，加强日常管理监督，实现常态化推进，并严格落实工作责任，形成一套符合党的要求的完善的干部治理与顶层设计体系。同时，定期对干部进行动态的摸底和盘点，对干部群体进行排兵布阵，一盘棋式管理。超前布局基于战略进行能力建设和干部培养，根据企业人才热力图变化，未雨绸缪，及时采取相应举措，调整干部培养策略。

三、结语

2016 年 10 月 10 日，习近平总书记在全国国有企业党的建设工作会议上发表重要讲话，指出“国有企业是中国特色社会主义的重要物质基础和政治基础”，深刻揭示了国有企业在党和国家事业发展全局中的战略地位。做强做优做大国有企业、打造高质量发展的世界一流企业必须以突出政治标准为前提，加强国有企业领导人员的能力建设，打造讲政治的企业家与管企业的政治家，使国有企业领导人员队伍的综合素质始终保持高水准并持续提升。国有企业广大领导干部唯有不断加强政治素养，不忘初心，牢记使命，时刻用党的创新理论武装头脑，才能更加自觉地为实现新时代党的历史使命不懈奋斗。

有效激励一定要吃透“企业价值链”

■ 作者 | 冯大鹏 华夏基石管理咨询集团高级合伙人，人力资源咨询总监
孟 凯 华夏基石管理咨询集团咨询顾问

通过对众多辅导过的细分领域头部企业成功经验的总结与提炼，我们发现，成功的企业存在两个比较典型的特征：第一，解决了思想统一问题。第二，解决了利益统一问题。

这里，我们着重探讨如何构筑企业价值链活动，通过利益机制的重塑真正形成利益共同体、事业共同体、命运共同体。

一、向市场要业绩——企业价值创造

（一）对价值进行精准的定义——完成企业事业理论构建

价值创造首先要定义什么是价值。为公司带来营收的增长就叫创造价值吗？利润上的增长就是创造价值吗？如果按此定义可能会带来牺牲长期利益换取短期利益，造成杀鸡取卵般的恶果。故此，定义清楚价值是我们要回答的第一个命题。

定义价值实际上是完成企业事业理论构建的过程，即明确企业的使命、愿景、价值观、战略、商业模式等，核心是回答清楚企业在整个产业链上处于什么样的位置，我们与利益相关者之间的关系与交易方式，这决定了我们怎么定义企业价值。

以京东来说，虽然同为电商企业，但京东与阿里的发展逻辑截然不同，过去京东一直在积极构建其仓储物流体系，包括近几年也在航空领域发展了自己航线。我们通过它的财务报表可以发现，早期京东的现金流一直是比较充沛的，但净利润却多年呈现亏损状态，如果从传统的营业收入、净利润、投资收益率等指标去衡量京东，显然无法称其为一流企业。

如何理解企业的商业模式呢？这里我们通过魏炜、朱武祥、

林桂平的《商业模式的经济解释：深度解构商业模式密码》中所提出的理论来说明。

第一，企业定位问题。即与其他的企业有何不同，企业能够在产业链上存活是因为寻找到一个独特的定位。

第二，这个定位下业务系统如何设计。业务系统的本质是企业与产业链上的利益相关方交易内容、交易方式、交易结构等问题，看似领域相同的企业其业务系统可能大为不同。以苹果公司为例，我们使用苹果手机会发现上面有很多付费的服务，如App、游戏、音乐等，其实这些产品与服务并不是由苹果一个公司提供，苹果只是提供了一个开放的数字化平台与接口。从研发环节上讲，苹果吸收了很多外部的优质资源，通过开放端口有效吸纳外部人才解决了研发的问题；而有的企业可能是在研发端进行自主研发，每一个企业在业务系统上都会有所差异。

第三，关键资源与关键能力。以上面提到的京东来讲，仓储物流体系的管理能力成为其构筑护城河的关键能力之一，另外，其重仓模式下对现金流的极高要求使得财务管理能力成为关键能力之一，这与同为巨头的阿里截然不同。

第四，盈利模式。在产品时代，盈利模式通常比较简单，通过出售产品获得产品售价和成本之间的差额。这一点互联网时代愈加复杂，以微信为例，大家都在免费使用，那腾讯通过什么方式赚钱呢？微信作为一个免费的入口，在我们进入微信之后的广告、金融服务、游戏等系列环节成为盈利的主要方式。

第五，现金流结构。以前几年我们熟知的共享单车小黄车企业为例，其本质是金融企业。这一类企业盈利的方式并不是凭借租车，因为租车收益显然无法覆盖成本，而是通过充会员等方式在平台上的沉淀资金的应用获利，本质上是金融方式。

第六，企业价值。企业价值就是通过什么样的方式进行变现，对于很多未上市企业来说，即可分配利润的支取，对上市企业则有诸多方式，这里不再一一阐述。

（二）对企业家最大的挑战——如何肯定“员工”价值创造

价值创造的第二个问题是对价值创造要素的思考，即谁创造了企业的价值。在完成商业模式的设计后，谁在这个商业模式里创造了更多的价值，什么是价值创造的主要要素？为什么这个问题至关重要？实际上对价值创造要素的思考决定了企业剩余价值的分配。富士康的利益分配机制根源在于其商业模式——传统的制造业，核心是制造环节。在这样的商业模式之下，其核心资源和能力不是知识型员工，是资本！用以采购核心生产的大型设备的资本！因此提供资本的要素主体就是企业价值分配的核心要素主体。所以我们看到，富士康会做股权激励吗？很少，因为他把所有的利润都留给了他的股东，股东就是资本的主要提供者，是在这个商业模式中主要的价值创造要素。

而对于华为来说则不同，作为一家高科技企业，价值创造要素是凝聚知识的知识型群体。华为能不能在通信行业，在 5G 取得领先的地位不是因为有多少钱，采购了多少昂贵的设备，而是能否具备一批优质的高素质人才。这些创造企业价值要素的主体会对分配提出诉求：企业的价值是由我来创造的，我势必要参与企业的决策和价值分享过程。那么如何将剩余利润、在资本市场的增值反馈给员工呢？华为很早就开始做股权激励，从 20 世纪 90 年代开始就实行股权激励。当然，起初华为做股权激励比较简单，没有增值权只有分红权。到 2001 年前后，华为在国际化扩张过程中对股权激励做了规范。到 2008 年公司为解决老员工“躺赢”、劳动所得与资本所得不合理等问题，进一步提出饱和配股，即股权分配与职级挂钩，每个职级有配股上限。到 2013 年的时候又遇到了新问题，华为发展太快，股份越来越少，股价越来越高，新员工买不起，这时华为提出时间单元计划 TUP。

“什么是价值创造的主要要素？为什么这个问题至关重要？实际上对价值创造要素的思考决定了企业剩余价值的分配。

（三）绩效管理的本质——管理“价值创造”

价值创造的最后一个问题就是如何创造价值。主要包含三个层面的问题：第一个是公司的战略管理系统。验证构想的商业模式能否落地，需要对市场进行洞察，华为的“五看三定”背后既是对市场的机会、业绩差距等进行分析，判断企业是否有机会切入这个市场，其战略意图如何，最终落到业务设计形成企业的战略规划，并通过战略解码形成具体的目标，这个目标之下人才、组织、文化一系列的体系建设就有了导向，这个导向就形成了公司今年要做的几件大事，并通过组织绩效管理拆分到部门，部门的任务进一步再拆分就拆到每一个人身上。通过这样的方式解决了从大的商业模式的设想到小的行动问题。

二、依据价值链构建立体的评价体系

（一）企业要构建立体的评价体系

解决创造价值问题之后怎么去评价，这个过程中，谁做得多，谁的贡献大？我们需要对价值创造要素进行思考，有些主体提供知识，有些主体提供资本，有些人是普通的劳动者，这就需要我们构建立体的评价体系。

价值评价体系主要包括四个方面：第一，职位价值（背后是责任与风险的承诺）的评价，主要面向管理干部，决定了承担的责任到底有多大。第二，对能力的评价，企业建立人才发展通道后，进一步开发人才标准即任职资格标准，有了标准，通过人才的盘点就可以区分什么样的员工是初级，什么样的是中级。第三，绩效的评价，将一名销售放在经济高度发达的地区还是放在偏远的西藏、新疆这样相对落后地区，他能实现的绩效水平显然是不一样的。那我们怎么解决绩效评价的问题？就需要对绩效目标进行科学设定并通过过程的管理、结果的反馈等进行有效控制。第四，就是文化价值观的评价，可能很多人会觉得价值观是比较虚的，那什么是价值观？价值观就是在一个企业里我们怎么看待事物，处理问题、矛盾的原则，这种对标准理解的差异是企业之间最大的差异（见下页图 1）。

（二）如何构建科学合理的评价体系

第一是职位评价体系。目前有很多较为成熟的职位价值评

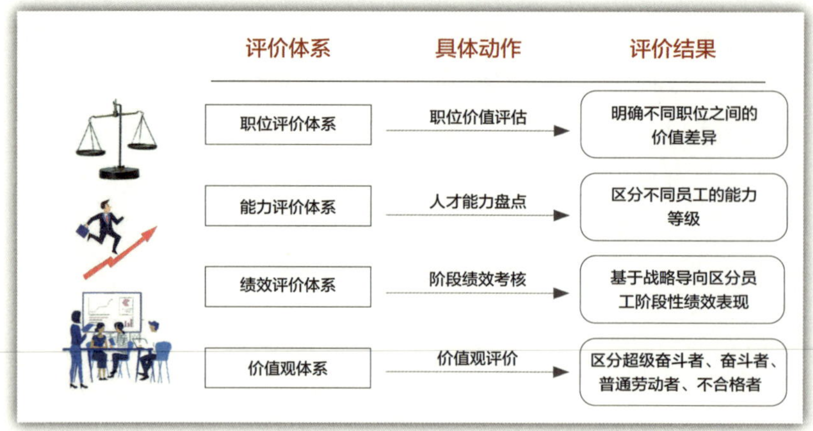

图 1　价值评价体系

估工具，具体操作是将企业里的所有职位进行评价，例如，总裁、副总裁、部长、副部长等，有了评价之后人在职位上就会有一个基础的范围。

第二是能力评价体系。如何评价一个人的能力，一般通过四个方面，即经验成果、能力、知识和行为标准对人的能力进行有效评价，所谓盘点就是把人与标准进行比较。

第三是绩效评价体系。很多企业做绩效评价不理想，其原因在于关注的都是绩效管理中的考核评价，本质上是事后管理，但作为管理者来说，绩效管理的过程管理更为重要，下目标的时候要跟员工沟通当月目标是什么，可能遇到的障碍是什么，需要提供的资源支持和帮助是什么。在过程中也不是放任员工自己去开展相关工作，过程中的监控、纠偏尤为重要。然后才是我们说的评价环节，这个月结束了对绩效达成情况进行评价。绩效评价要把一个人考“活”，而不是考“死”，每个月情况是多变的，员工应该被评价为 A 还是 B，一方面应该跟标准、目标去比较，另一方面对员工最终创造的价值进行沟通和衡量。绩效评价不能简单通过指标一个方式来解决，要对评价的过程进行沟通、协调、确认。

第四是价值观体系。评价员工是否真正符合公司的价值观。拿华为来说，员工会分为几类：不合格者，即红线以下被警告甚至淘汰的；早九晚五的普通劳动者；服从公司要求的奋斗者；公司文化价值观引领的超级奋斗者。

三、合理地分配价值

（一）“分利”分的到底是什么

价值分配首先要想清楚公司可以分配的价值有哪些。很多企业分配价值都是从奖金、短期薪酬等角度去思考，从一个企业的综合资源来看，可分配的范围非常广，将价值分配的内容抽象的可分为：分权、分名、分利。第一，分权，可以理解为工作也是一种激励。在互联网行业，员工的成长速度非常快，本科生毕业两三年管理着一个小部门小团队，这种快速的自我成长与价值实现相较于金钱有着更好的激励效果。第二，分名，即荣誉激励。对绩效的要求，对价值观的要求，很多人是超出预期的，对于超出的预期不一定要通过分钱这种方式。像华为的蓝血十杰等，通过荣誉来解决这样的问题。第三，分利，怎么分工资、分福利、分奖金、分股权等（见图 2）。

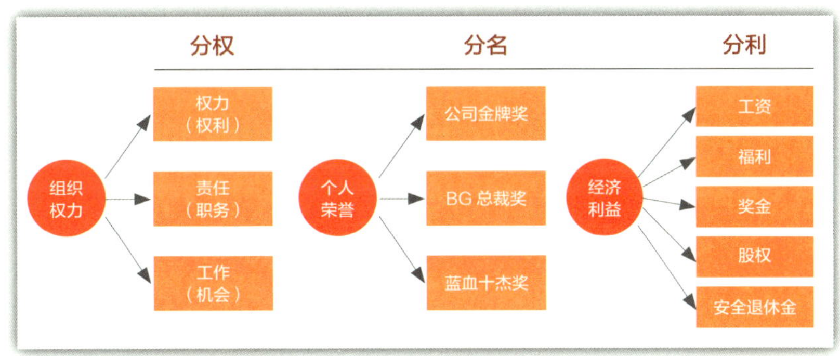

图 2　人力资源各体系的连接机制

（二）短期薪酬的分配

短期薪酬主要与员工所在岗位的责任和员工能力相关，职位评价和能力评价决定了短期薪酬。这要求企业要将人才标准和薪酬放在一个体系去思考。当一个员工进入公司，通过岗位、通过能力进行评价，不管是工程师、经理还是副总裁都会对应一个范围，这就是通常说的以岗定级、以级定薪。当完成盘点之后，我们就知道如果这样一个人是三级工程师，三级工程师的职级可能是七级，那七级对应一个短期薪酬分配的范围。同时对人才能力的评价是动态的评价，今年完成第一次盘点之后，明年会不会有人能力成长了，会不会有人随着时间拉长被公司淘汰。通过持续的评价，能够实现人员能上能下，薪酬能增能减，人才能进能出。这就将短期薪酬与能力评价、绩效评价关联起来了。

（三）奖金的分配

奖金不是和职位和能力挂钩，奖金主要是分配利润的增量，利润的增量取决于最终的绩效产出，因此奖金一般和最后的绩效考核挂钩。但绩效考核要和业务模式结合，过往很多企业可能采取比较粗暴的达到多少销售额分多少钱，但要和战略和业务模式挂钩，比如很多公司采取的场景化的业绩提成，即将提成与公司的业务相关联，设置不同的系数，例如：第一个是基础系数，是为了强调拓展某个行业或者某个产品，那么就可以加大战略产品的提点；第二个是场景差异系数，例如 A 产品可能在汽车行业应用，也可能在电子行业应用，也可能在航空行业应用，那公司今年重点发展哪个行业，就可以通过行业场景差异系数进行变化；第三个是盈利系数，取决于公司在商业构想中对盈利如何看待，在不同阶段对利润的要求不同，像华为近期提出战略上的变化：收缩规模，保障现金流，保障利润。这样的背景下对于盈利系数的设计就很重要。对于产品出售的价格，一般可分为产品的目录价、授权价、特批价等，可以在不同的价格基础上设定系数。

（四）权力的分配

价值分配中不仅可以分钱还可以分权，也就是与干部的、专业人才的选拔、晋升挂钩。这种选拔和晋升取决于两个关键点，第一是能力，能否达到知识、技能、价值观等任职条件；第二是绩效，将干部放在这个位置上，是否能真正带领团队持续地打胜仗。这两个关键的要素决定了能否在公司内分配权力。很多企业经常会遇到这样的问题，员工的过往能力评价好像是不错的，但这个人能否适应新职位并不清楚，因为这是未来发生的，华为等公司是如何处理这种矛盾的？首先对所有人才的标准进行开发，包含专业序列和管理序列，然后根据标准进行评价，看人员在九宫格什么位置，对于绩效高、能力高的核心人才进行优先提拔。解决了能力评价的问题后，设置试用期并用来判断能否胜任，通常有两次认证，第一次认证即人才盘点，只看员工过往和历史的能力标准是否符合，如果符合可竞聘上岗，第二次认证即上岗后给员工六个月的时间看是否能完成第一次竞聘上岗承诺的业绩目标，如果没有达到则返回原岗位或有新的安排。

（五）股权的分配

股权的分配有几种典型的模式，包含虚拟股、金银股等。这些模式的操作方式不同，那背后代表的是什么？真正符合公司价值观能够持续创造价值的核心人才，是要纳入法律层面的，分享企业未来的增量部分，比如在资本市场变现后从 1 元每股涨到 5 元每股，即中间有四倍的差价。

目前，很多企业股权激励采取动态管理模式。以华为为例，通过 TUP 处理老员工“躺赢”问题，其本质上是分利润，原本应该分配给股东的剩余利润在分配前从会计角度计入成本或费用，优先分给现在的员工。具体操作是将需要先分配给员工的利润作为虚拟股权激励的池子，这个池子与常规不一样的地方在于它是动态的。比如原来分到了 1000 万股，分一次管五年，第一年不分红仅授予，第二年拿到对应分红的 1/3，第三年拿到对应分红的 2/3，第四年拿到全额分红，第五年获得当年的全额分红和五年所对应的增值收益。通过这样的方式，华为进一步调整了员工的资本所得和劳动所得。

做好管理诊断，是企业持续改进的起点

■ 作者 | 徐继军 华夏基石管理咨询集团副总裁、华沣管理研究院院长
整理 | 刘琳娜 华沣管理研究院知识总监、高级咨询师

企业健康地长大并不容易！

企业在长期的经营中，会不断地沉淀和积累经验，包括工作思路、工作流程和方法。这些都是企业宝贵的组织资产。然而，随着外部环境的变化和企业发展阶段的变化，企业过往沉淀的知识经验可能会不再适应新的发展需要。

同时，随着企业的发展，企业家陷阱（如企业家出现刚愎自用、骄傲自满、一言堂等现象）、家族化陷阱（表现为更倾向于用家人、用朋友、用同学、用“老人”，团队知识经验变得封闭保守）、多元化陷阱、“贵族化”问题（逐渐失去艰苦奋斗的创业精神，开始讲排场、讲面子、讲享受）、官僚化问题（出现不同山头派系，相互内斗扯皮等现象）往往也会如影随形。此时，企业就会出现各种各样的“症状”、爆发出各种各样的问题。

企业管理者往往能够观察或者感觉到这些症状，但困难在于，很难系统分析和判断真实的“病因”在哪里，或是不知道从哪里下手去解决。此时，企业往往希望得到管理顾问的帮助，分析“病症”，开出“药方”，为企业制定治疗方案或补救措施。应该说，**企业管理咨询师就是“企业医生”，帮助企业分析症状、找到原因、开出药方、辅导康复**。企业管理咨询师和医生看病的第一步是相同的，就是“管理诊断”“望闻问切”。不了解“病人”的真实情况，不可能开出靠谱的“药方”。企业管理咨询师的水平也体现在能否通过管理诊断，形成对企业的深刻理解和洞察。

实际上，**企业管理团队，尤其是企业高层和各职能部门负责人，也天然拥有做好“企业医生”的职责**。企业高层需要带领企业越做越好，首先就必须具备管理诊断的能力。各职能部门负责人就是企业参谋，天然具备研究问题、找到原因、给出改进意见的职责。

那么，如何做好管理诊断呢？在操作之前需要厘清以下几个基础思维。

一、用“推式思维”还是“拉式思维”？

在面对一个具体问题时，通常有两种不同的解决思维方式：“推式思维”和“拉式思维”，这种表述借鉴了精益管理的思想。

所谓“推式思维”，就是依靠以往的经验来寻求问题的解决方案。当面对问题时，立刻开始在大脑中检索，我有什么样的经验可以调用来处理这个问题。经验是人最容易调动、使用效率最高的知识，这是人的本能，也是非常必要的方式，正是因为对经验的高效率使用，大大提高了我们应对问题的效率。否则，我们无法面对日常生活中大大小小、层出不穷的问题。

但是作为企业管理咨询师，或者企业中高层管理者，仅靠这种思维方式是绝对不够的。道理很简单，每个企业都充满个性，企业的每个问题也往往都面临着个性化的场景，**对企业“个性”和具体问题“场景”的把握，才是解决问题的关键所在**。所以，仅凭经验是不足以应对所有问题的。

我们认为，管理诊断更应该采用“拉式思维”，也就是先放下知识、经验和成见，从问题和事实出发，回归基本逻辑去寻求解决方案。这是个什么样问题？这个问题有什么样的特点？为什么会存在这个问题？这个问题涉及哪些人？他们是什么样的观点？问题解决的难点、关键点又在哪儿？如何入手解决？能解决到哪种程度？这样的方法和直接调用已有经验来解决问题截然不同，虽然后者往往显得更加“迅捷”、更加“高效”。

当然，这并不是说我们所积累的知识和经验不重要，关键在于如何调动和使用。当我们习惯于用“拉式思维”去面对问题时，以往储存的知识和经验自然发挥作用，并成为解决方案的有效组成部分。

二、“大胆假设”与“小心求证”

所谓“管理诊断”，“诊”即发现问题、了解问题，“断”即给出问题的解决思路。那么，如何才能明确企业管理中的“真问题”？

我们认为，面对企业问题，**首先需要“大胆假设”，先完成逻辑假设，把问题进行拆解**。也就是前面“拉式思维”提到的，先把问题分析清楚：这是个什么问题？它涉及哪些方面？为什么会有这种问题？该如何解决？

实际上，我们对于整个世界的所有认知，乃至现有的所有科学理论其实都是假设，它们接近真理，但并不是绝对的真理。“假设”是我们在信息不完整的情况下所做的一种猜想，让我们对事物的认知有了一个起点。但假设并不是“绝对真理”。特别是在企业管理领域，有的咨询师，尤其是不参与企业管理实践、对现实场景缺乏认知的咨询师，会把这些假设当作事实，这在企业管理领域，是很危险的事情。

我们所看到的几乎所有企业管理理论，从诞生那天起完全来自实践总结。当然，有些所谓的管理理论，来自某些专家的想象，是否经得起实践检验还不确定。企业管理实践，可谓“水无常形”，因为社会、政治、经济、技术在不断进行着调整和变化，生存和发展才是永恒的主题。所以，企业管理理论往往都是落后于实践的。

那么，管理理论的价值在于，给出大致的方向，让我们不至于毫无方向，提升我们解决问题时“大胆假设”的质量而已。

因此，“大胆假设”之后，就要进行“小心求证”，寻找事实和证据去验证这个假设，对其进行证明或证伪。这就需要对所收集到的信息、数据进行分析，这些信息和数据可能来源于企业财务报表、运营过程统计或原始台账、关键人员的访谈沟通、问卷调研结果等。

但是，在分析的过程中，许多人往往会陷入一个误区：分不清什么是“现象”，什么是“事实”，更厘不清“现象”与“事实”间的关系。

比如，企业中的人员在管理访谈中所透露出来的情绪和态度，是现象还是事实？这些都只是现象而已，并不等于事实。此时，我们需要进一步思考，这些现象透露出什么问题？给我们提供了哪些值得进一步研究分析的线索？顺着这些线索，往下探寻，我们一直追问下去，直到搞清楚所有问题，找到隐藏着现象之后的事实。确立了事实之后，就需要分析和挖掘其背后的原因，从而得出我们对于问题的完整结论。只有找到真正的“原因”，才有望解决问题。

这个逻辑思考过程，就是“小心求证”的过程（见下图）。

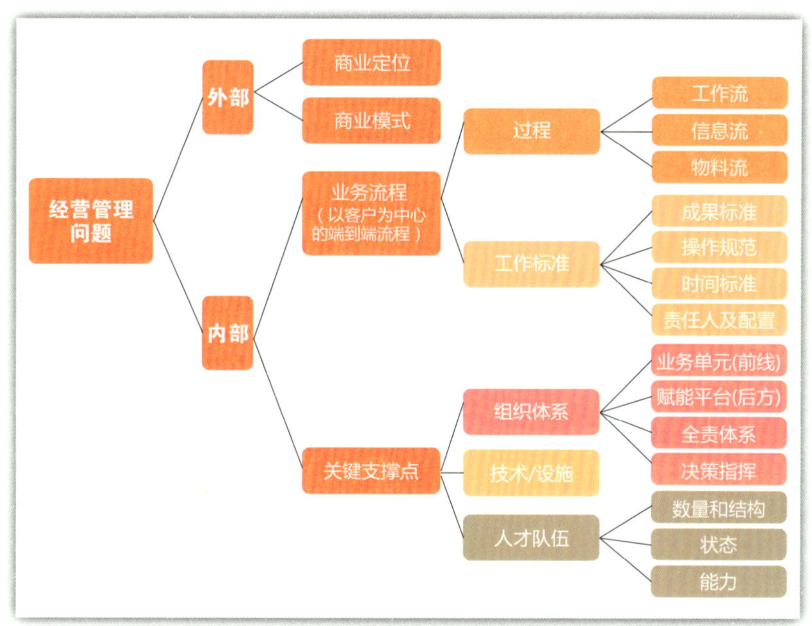

管理问题的归因逻辑

按照这个逻辑线条，就有了一个合理的框架来进行管理问题的诊断，得出更可靠的企业管理诊断结果。

三、管理问题的归因逻辑

管理诊断最考验功力的地方，是找到事实之后的归因。在这里，我们给出了我们关于管理问题的归因方法。当然，这个方法本身在使用中也需要进行“小心求证”，不断完善。

所谓管理问题的归因方法，是我们在分析一个企业的经营管理问题时所依据的基本逻辑。

首先是外部，从两个关键点入手分析。第一，商业定位，也即企业主攻方向、战略破局点的选择和定位是否清晰、是否合理。第二，商业模式，也即企业与主要利益相关者（客户、供应商、周边环境、金融机构、政府机构等）之间的交易结构和共生关系是否有问题。

接下来是内部管理的分析：第一，业务流程效率如何，是否存在明显问题？保证以客户为中心的端到端的流程真正建立起来，是流程建设的基本要求。第二，关键支撑点能否撑得住这个流程。如果企业设计好了流程，但根本撑不起来这个流程，流程没有办法高效率地跑起来，流程设计的意义就不大，变成了纸上谈兵。

再往业务流程的下一层进行层层递进的分析，流程就包含了“过程”（包括工作流、信息流和物料流）和“工作标准”（包括成果标准、操作规范、时间标准、责任人及配置等）。关键支撑点则包含了“组织体系”“技术 / 设施”和“人才队伍”。其中每个要项，还包括了更多的内容，还需要再往下剖析。

需要特别注意的是，完成归因之后，我们往往会发现，不同“原因”的解决难度是不同的。有相对容易解决的，有高难度的，也有基本无解的。

比如，业务流程设计中的“工作标准”部分，相对来说是容易解决的，一般通过定制度、定规范、定标准就可以解决。但是，要让流程运转起来，达到预期效果，各项支撑性的能力建设就要跟上来，那就不是依靠出文件就能解决的，而是需要花时间、花功夫一点一点完成。比如华为当初从 IBM 引入研发 IPD 流程，据说前前后后花了六亿元人民币的咨询费才建起来。为什么这么贵？因为需要花大量的时间精力让它运转起来，需要花费好几年的努力。

而实际上，这些问题还只是属于中等难度，只要愿意投入改善，就能做得更好。有些问题解决起来难度更高。比如企业文化建设，如何真正改变一个组织中成员的认知、情感、态度、行为。这不仅需要花时间、花精力，而且需要企业家真的具备领袖风范，能够为组织指明方向、确定原则，还需要各级管理者从上到下，严格自律，一层做给一层看，建立强有力的信任基础，否则就只能是口号而已。此外，有些问题在有些企业基本上可以算是“无解”的问题，包括领导风格、员工素质等，短期内很难有大的起色和改变。

所以，在面对企业管理问题时，就需要有一个判断，什么问题能解决、什么问题不能解决，哪些问题可以尽快解决、哪些问题需要花比较长的时间解决，从而对管理改进工作做出更加合理的规划，提高管理改进的成功率。

总结一下：我们在诊断企业管理问题时，推荐使用“拉式思维”，即从问题出发、以问题为导向来寻找解决方案。这样才能不囿于已有的知识和经验，更有针对性、独创性地解决问题。

面对企业管理问题，迷信原有经验和管理理论是件危险的事。这些经验和知识也许可以帮助我们更好地做出“假设”，从而提高我们的工作效率。但在“大胆假设”之后，必须要“小心求证”。也就是说，先完成企业问题逻辑假设后，从现象出发，经由线索、事实、原因的逐步分析，最后得出结论，对假设完成验证。

企业管理问题的归因能力是需要不断训练和提升的。企业管理问题归因分析，包括外部、内部两方面，需要逐层拆解，逐一确认。同时，不同问题的解决难度是不同的，要想取得较好的管理改进效果，就需要明确工作重点，把握工作节奏。

视野

CHINA STONE ▶▶

面对急剧变化的世界和企业内部的快速调整，员工更需要知道究竟什么才是正确的事，也就是说员工不仅需要管理，更需要的是领导，而领导最关键的是思想领导。

——薛冬霞 彭剑锋

管理不确定性：可以有异常，但不可以有意外

■ 作者 | 何绍茂

华为集团 CFO 孟晚舟曾要求财经团队“可以有异常，但不可以有意外”，就是不要给公司惊喜。没有惊喜就是最大的惊喜。

换句话说，财经要给公司以“确定性”。

这就要求管理好“不确定性”。

什么是“确定性”和“不确定性”？

我们先看看华为是如何定义确定性工作的。

2017 年 12 月 13 日，任正非在几内亚办事处的讲话中说：

我们绝大多数工作都是确定性工作，包括市场与解决方案、投标中，也至少有 70%~80% 是确定性工作。几内亚办事处，投标中可能有 90% 以上的工作是确定性，只有一少部分是不确定性的。即使解决方案，可能其他国家与地区已经有这种场景比较成功了，那对你来说，确定性的成分就提得更高了。

对待确定性工作，我们要及时、准确、精细地完成。

我们常说“范弗里特弹药量”，那是对未知的战略领域的一种说法，不是浪费的借口，市场上没有这个名词。在明白的确定性领域，分毫都要计较的精细化管理，不能形成铺张浪费。管理水平、质量与成本，是一点一点抠出来的。我们每个人都要在自己的领域精益求精，敢于承担责任，快速认真处理问题。业精于勤荒于嬉，行成于思毁于随。这样我们就能成为一个高效的组织。

确定性的事，可以个人负责制，许多事不要等到月底开碰头会来定，有时好像不发言是不积极，找些无关紧要的事来问，这就是极大的浪费。这就是我们的考核系统有问题。背影，看看那些埋头苦干的人的背影，我们要更多关心那些踏踏实实、埋头苦干的员工，看不见这些，机会就比别人少。

总体上，确定性工作与不确定性工作也符合管理的二八原理。确定性工作占 80%，不确定性工作占 20%。实际上，不确定性工作可能还要少些。当然，在不同的组织，可能略有差异。比如对于一线代表处的作战组织，不确定性比例就要高些，因为市场是变幻莫测的；而总部机关的功能领域，不确定性工作比例可能就要低些。

对于确定性工作，考核效率与效益；对于不确定性工作，考核对风险的把握。

2015 年，任正非与埃森哲董事长会谈时指出：20 多年来，华为与 IBM 合作，把一盘散沙建成了平台；未来华为将再用 10 年，与埃森哲合作，把屯兵组织变成精兵组织。

一方面，要“掺沙子”，在各层组织中打造“钢筋混凝土”组织；另一方面，又要打造成“眼镜蛇”组织：前方是眼镜蛇的“蛇头”，灵活地应对不确定的瞬息万变的市场环境。“蛇头”主要处理不确定性工作；后方的平台与共享组织，是“蛇身”，为前方提供炮火与资源，主要处理确定性工作。

什么是平台组织？平台组织有何功能？

数字化转型、信息的透明、公开与共享，这些工作可以先从平台组织入手，不断吸纳各业务组织参与到数字化转型中。

平台部门的数字化建设不能关起门来搞自产自销，要打开大门让业务组织卷进来一起搞；不要追求完美，要围绕作战场景和管理要点，不断迭代优化，让数字化改进增强作战能力，使机关组织可以透视战场，而不是变成机关组织厚重管理的又一道借助工具，数字化建设也要坚持变革的“七个反对”。平台的流程与 IT 建设一定要明确一个原则，就是主要用于作战的、服务作战的，不是主要服务于内部管理的，管理的监督应该要从透明化的数据中自己提取分析。

平台组织不是要成为全球领先的组织，而是要成为“围绕生产、促进生产”的最佳服务组织。

对于后方平台型组织的工作，华为认为主要是确定性的工作，要求是：精细化、自动化。

2017 年 12 月 15 日，任正非在科特迪瓦代表处的讲话中明确要求，确定性工作要精细化、自动化：

科特迪瓦管理的电子平台做得很好。我们要善于把成熟的经验归纳总结起来，固化成流程和工具，使它可以传承下去。并逐步将它自动化，减少人工消耗。

大量的工作是确定性工作。在确定性工作中，我们除了质量要保证外，对成本也必须分毫必抠。通过工作的归纳、做细、做精，我们也会培养出一代人来。为什么我们的产品不能达到像美国那样先进，德、日那样高质量，不能像其他竞争伙伴那样低成本呢？我们公司的战略目标应该是企望每比特流量的成本极低。这都是各环节一点一点去实践出来的。

自动化必定会带来人员精减，我们怎么保护好那些有经验的、努力工作的、认真负责的人的工作机会呢？所有努力的、有经验有能力的人，都是公司的宝贵财富，人力资源部门要拿出措施来，保护好。我们已开放了合同场景师、数据分析师、项目精算师、百客百店经理……各种岗位，以后还会加大开放的力度，希望通过内部劳动力市场调剂。在你们代表处，我对一个 GTS 转过来的项目核算师说过，你还可以工作 20 年。个人也要努力去创造机会，公司更需你在本职工作上晋升，去适应新的工具。

确定性的流程要不断优化，简化管理

华为的会议太多、汇报太多。汇报为什么多呢？是因为公司大，人员互相不信任。这就衍生出了汇报文化，胶片（PPT）文化。

笔者也深受其害，这里简单分析下原因：

第一，华为的主官提倡“之”字形成长，这就导致一个管理岗位可能在两三年就会换一次主官。有很多主官还是跨行跨领域调过来的，并不熟悉新部门的业务。为了尽快学习掌握业务，新主官就喜欢开会和听汇报。通过开会掌握新部门业务，通过开会跟利益相关人员一起决策。

第二，华为的绩效文化影响。一定程度上，汇报得好，绩效才会好。一年的工作做得好不好，主官和利益相关领导可能没感知，但如果在一两次汇报中被认可，那一年绩效基本无忧。而不会写胶片、不会总结、不会汇报的员工，在考核时是很吃亏的。

第三，组织架构的复杂。华为是矩阵式组织，会带来汇报关系复杂、KPI 设置难等问题。矩阵管理有其优势，也自然有其劣势，矛盾避免不了。华为的业务分工太细、管理太复杂，没有任何一个环节敢决策，也无法决策，自然效率低。当管理水平超过经营水平时，就是危机的到来。哪天在处罚通报中，没有出现很多连带责任，就说明责任清晰了，决策主体也很明确了。当然，也要防止一个人背黑锅。

简化管理、减少会议、减少汇报的前提是优化组织结构，建立基于信任的管理。推动管理逐步流程化、流程 IT 化并逐步简化，让业务主管把主要精力集中在管理不确定性工作上。

为此，华为一直在优化劳动与资本的分享机制，即所谓的 3:1，工资奖金、TUP 所得收入与虚拟受限股（ESOP）收入维持在 3:1 的比例；拉车的人比坐车的人拿得多，拉车的人在拉车的时候比不拉车的时候拿得多；建设“以客户为中心”市场竞争体系；提供合乎客户需求的产品与服务；努力打造一条打不烂、拖不垮的钢铁供应链……

“推动管理逐步流程化、流程IT化并逐步简化，让业务主管把主要精力集中在管理不确定性工作上。”

管理不确定性要有开放的心态

为了管理未来技术的不确定性，华为明确要求，在研发费用的预算中，拿出 10%~20% 的比例投入预研，从现有的应用科学领域延伸到基础科学领域。并且这个比例还要提高到 20%~30%。

这个预研的结果可能是“歪瓜裂枣”，可能是“黑天鹅”，但要允许你飞，自己颠覆自己。聚焦主航道，“让黑天鹅在咖啡杯中飞”。

谁摧毁了索尼？ KPI 高绩效文化。

我们处在一个创新的时代，把很多不确定性、确定性工作都流程化后，就抑制了新东西的产生。

我们从日本、英国、美国三个国家来看对不确定性的管理：

日本是一个严谨的国家，将规范的管理落实到了基层，车间的螺丝刀、零件、纸巾，摆放都规范得清清楚楚，青年工人进来后需要严守这个规则，青年人创造的冲动就没有了。

英国也是讲究规则的国家，给世界输出的文化是规则。英国把流程规则做到最末端。美国脱胎于英国，大的法律框架是规范化的，但管不了末端，所以美国把英国文化做了变异，开放吸收，成了世界霸主。

华为早期是从一个小公司走过来的，所以向美国 IBM 公司学习。学习规范，基于流程的管理。如果不走流程化、高绩效考核的道路，就是布朗运动，每个分子都乱动，形不成动力 。

华为走的路是先规范，后放开。

所谓的放开就是授权。

2018 年 3 月，《华为公司人力资源管理纲要 2.0》提出基于信任的管理，就是要简化管理。

管理不确定性要求有开放的心态。

华为提出要和全球各大高校、科研院所的教授合作，淡化工卡文化。如果“闭关锁国”，故步自封，当“黑天鹅”出现时，就会手足无措。不确定性就可能变成确定性：确定很糟糕。

除了以上方法，为了管理不确定性，在资源配置层面，华为还引入了预算假设管理和情景预算的做法（见下图）。

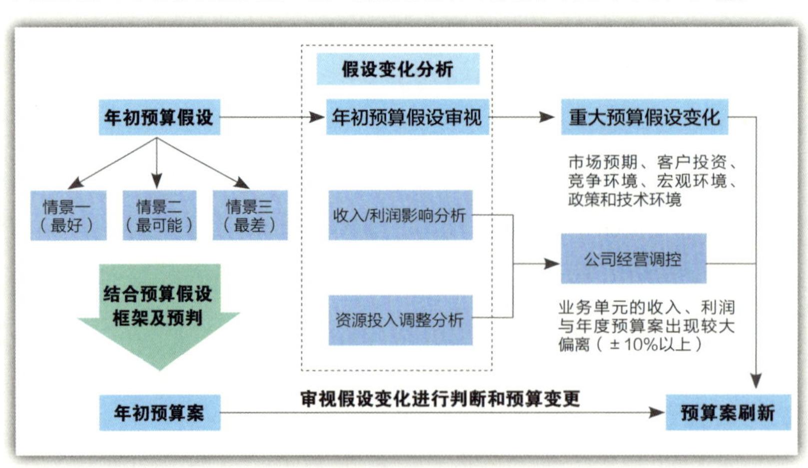

预算假设管理和情景预算

注：本文选编自何绍茂著作《华为战略财务讲义》。

在重构中重启发展

——邓小平的战略思维对企业的启示

■ 作者 | 翟 文

“虽有智慧，不如乘势”。当今，我们处于百年未有之大变局中，所有的组织和人都被裹挟其中，这就是现实，就是大势。企业如何顺势而为、乘势而上，是一个迫切需要面对的命题。野蛮生长、机会主义已然无效，我们需要重构响应变局、顺应大势的战略思维以及策略、行动。我们不妨回到改革开放之初，**看看改革开放总设计师邓小平是如何调整组织航向、重建发展结构的。**

笔者依据对邓小平理论的学习研究，结合企业经营命题，总结了几条邓小平的战略思维，供企业领导者参考。

一、解放思想与凝聚共识相统一

但凡成功的改革，都是解放思想先行，在思想解放中一步步凝聚共识。往远了说，商鞅变法时通过徙木立信，让老百姓看到了政令的畅通，一传十、十传百，本身就是凝聚共识之举。近的如改革开放前夕的真理标准问题大讨论，把全国上下的思想从僵化的“两个凡是”中解放了出来。

思想问题从来都不是简单的道理哲理问题，它事关战略方向、事关策略行动。思想不解放，任何新的行动都阻力重重、寸步难行。邓小平说，“真理标准问题的讨论是基本建设，不解决思想路线问题，不解放思想，正确的政治路线就制定不出来，制定了也贯彻不下去”，“正确的政治路线能不能贯彻实行，关键是思想路线对不对头”。开展全党全国范围的而不是小范围的、长时间持续的而不是“一阵风”似的真理标准问题大讨论，重新确立“实践是检验真理的唯一标准”，就是在人人参与的反复讨论中，让思想解放、让共识凝聚。

解放思想的过程本身就是凝聚共识的过程，二者相互促进，且都不是一时一地能完成的，其间有曲折、有反复，需要较长的时间。华为基本法起草过程历时三年，八易其稿，全员参与大讨论，就是一个解放思想与聚集共识结合的成功实践。

一方面，人们对新事物的认识有先后之分、程度之别，不可能整齐划一。从 1978 年的十一届三中全会，到 1992 年南方谈话、中共十四大之后初步建立社会主义市场经济体制，姓“社”还是姓“资”的争论一直没有断过，典型如“傻子瓜子”，从地方到中央谁都不知道该怎么处理，直到邓小平的一句“不能动”，才定下调子。

另一方面，人们对于外部的不确定性，至少是自己以为的不确定性，往往持观望态度，这是人性使然。比如，搞农村家庭联产承包时大家都在看，开始只有 1/3 的省干，第二年超过 2/3，第三年才全部跟上，邓小平说，“我们的政策就是允许看。允许看，比强制好得多。”还有为了争取时间干，“不争论”。

这些充分体现了邓小平的智慧和定力：一是政策定了，就不能动；二是对于遇到的一些新情况，“不争论”“允许看”。**事实证明，随着共识的不断达成和发展成效的显现，出现的很多看似难以解决的问题，都会烟消云散，这就是“不争论”的意义。**

概言之，解放思想解决的是组织的活力问题，凝聚共识解决的是群体的合力问题，其共同目的是向前看、向前走，实现持续发展、基业长青。邓小平的战略思维就在于，在国家向何处去、组织向何处去这个根本问题上，以抓解放思想这个决定性环节破局，不破不立、以破促立，既广泛“求同”也允许“存异”，同时，保持战略定力，用事实说话，以发展解决发展中的问题。

要注意的是，解放思想不是放飞思想，而是要保持组织发展基本思想上的连续性，不能另搞一套。在正确对待毛泽东及毛泽东思想的问题上，邓小平是很坚定的，他在各种场合都反复强调要始终坚持毛泽东思想，指出：“解放思想，就是要运用马列主义、毛泽东思想的基本原理，研究新情况，解决新问题。”对于真理标准问题大讨论，他这样说：“这场争论的意义太大了，它的实质就在于是不是坚持马列主义、毛泽东思想。”在起草第二个历史决议期间，他多次提出意见，说道：“三中全会以后，我们就是恢复毛泽东同志的那些正确的东西嘛”，“从许多方面来说，现在我们还是把毛泽东同志已经提出、但是没有做的事情做起来，把他反对错了的改正过来，把他没有做好的事情做好。”按照这个逻辑，重建结构也不是推翻结构，其实质是，好的方面、基本的东西要保留，不适应发展形势和实践要求的东西就大刀阔斧地改掉。

解放思想不是放飞思想，而是要保持组织发展基本思想上的连续性，不能另搞一套。

二、顶层设计与摸着石头过河相统一

重建新的结构，重启新的发展，必须要有顶层设计。邓小平之所以被称为改革开放的总设计师，就是因为他以超前的战略眼光，在那个大变革的时代，对国家的重构、对发展的重启作出了顶层设计，即建设有中国特色的社会主义。这个设计既是系统而长远的，也是分阶段有步骤的；既是理论层面的，也是现实可行的。总的方法就是摸着石头过河，这是对“实事求是”在方法论上的形象表达，如果说中国国情、中国特色是“实事”，那么，摸着石头过河是“求是”。

邓小平通过改革开放这个关键一招，改变了党和国家的命运，有几个典型特点：

一是全局思维。邓小平善于“放眼世界，放眼未来，也放眼当前，放眼一切方面”，把握和平与发展的世界潮流，为中国特色社会主义建设搭建了四梁八柱和相关原则。其中，以经济建设为中心，体现了发展是执政兴国第一要义的思想；坚持社会主义道路，说的是组织的使命愿景，是前途命运的问题；坚持无产阶级专政，强调的是巩固马克思主义政党的根基问题；坚持中国共产党的领导，是组织建设的首要任务，坚持党的领导就要改善党的领导，包括改善领导制度、组织纪律、战斗力等；坚持马列主义、毛泽东思想，回答的是一个规模庞大的组织、一个大党，要用什么样的思想文化把人凝聚起来的问题。还有如实现安定团结的局面、加强各方面制度建设等，无不是从全局出发作出的思考。

二是纲举目张。邓小平明确指出阶级斗争已经不是社会主要矛盾，“我们的生产力发展水平很低，远远不能满足人民和国家的需要，这就是我们目前时期的主要矛盾，解决这个主要矛盾就是我们的中心任务。”在他看来，全党的所有工作都要围绕这个中心任务，强调“所谓政治，就是四个现代化”，政治路线就是发展生产力，而组织路线要保证政治路线的实现。这样一来，在纷繁复杂的环境中，整个组织就有了要领和遵循，进而抓住关键，纲举目张。

三是远近结合。谋划长远，但也分阶段设置具体目标，是中共常用的科学方法。实现共产主义是长远的理想，社会主义是必经阶段，但中国仍处于社会主义初级阶段，即便是巩固和发展社会主义制度，也“需要我们几代人、十几代人，甚至几十代人坚持不懈地努力奋斗”，这就是邓小平的历史视野。长远的目标需要一步步实现，于是他提出了“小康”和“三步走”战略，且客观地认为在实现“小康”的基础上，再发展 30 年到 50 年才能接近而不是达到发达国家的水平。

四是务实精神。邓小平曾说过：“生产关系究竟以什么形式为最好，恐怕要采取这样一种态度，就是哪种形式在哪个地方能够比较容易比较快地恢复和发展农业生产，就采取哪种形式；群众愿意采取哪种形式，就应该采取哪种形式，不合法的使它合法起来。”这就是务实精神，形象地说，就是黑猫白猫理论。务实精神本质上是一种问题意识，一切都是为了解决实际问题，哪怕解放思想也不是空谈的，必须真正解决问题。

五是自力更生。邓小平在会见利比里亚国家元首多伊时，一语道出中共不断发展壮大的密码，“你们想了解中国的经验，中国的经验第一条就是自力更生为主”。自力更生是应对外部不确定性环境的重要法宝，要义是走好自己的路、做好自己的事。毕竟从根本上说，任何外部力量都是靠不住的，能决定自己的命运的只有自己。更重要的是，也只有自力更生，才可以振奋精神，因为只有放弃依赖心理的时候，组织的团结、人的奋斗才会更加自觉。

有了顶层设计，还要有切实可行的方法，在某种程度上，战略的 99% 是行动，行动的 99% 是方法。摸着石头过河这个方法，摸的是规律，是渐进式过河。改革开放是老祖宗没有讲过、其他社会主义国家没有干过的事，最稳妥的办法就是先试验、后总结、再推广，最有效的路径就是从农村到城市、从沿海到内地、从局部到整体，这是一个实践、认识、再实践、再认识的过程。邓小平简要回顾过这个过程，“从中国的实际出发，我们首先解决农村问题”，在他看来，中国大部分人口在农村，如果农村不稳定，国家也不会稳定，一旦调动了农民的积极性，改革就从农村转到了城市，这是对内搞活；先建立 4 个经济特区，再扩大到 14 个沿海港口城市，引进外资、先进技术和管理，这是对外开放。这样一来，就避免了因情况不明、举措不当引起的社会动荡，保证了改革的稳步推进。

这就是顶层设计和摸着石头过河的辩证统一，即局部的阶段性改革要在顶层设计的前提下进行，顶层设计的谋划要以局部积累的经验为基础。同时，当一个个局部成功后，量变引起质变，整体才会成功。简言之，全力发展经济，打开国门吸引外资，以及先农村后城市、先沿海后内地，这个过程中，避免两极分化，先富带后富，最终达到共同富裕，这就是邓小平的战略构想，不复杂，却有效，大道至简。

如果再来总结一下，**邓小平的战略思维就在于，大处着眼，小处着手，投石问路，边试边改，始终以中心任务的确定性抵御外部环境的不确定性，确保在从未到过的海域里，行得稳、不翻船。**

三、统筹协调与单兵突进相统一

一般来说，发展困局或危局的出现，往往不是单一因素的结果，有外部原因，也有内部原因，从这种局面里突围，需要由内而外，使各方面相互促进、良性互动、协同配合。而改革或变革中的阻力和障碍主要来自组织内部，由于人的想法不同，利益诉求不同，如果不能统筹协调，实践中必然疙疙瘩瘩，群体间必然矛盾重重。但是，统筹协调不等于眉毛胡子一把抓，不能按下葫芦浮起瓢，还要在最重要最紧迫的那个方面，投入资源，单兵突进，打开局面。

“两手抓”是统筹协调的重要方法。邓小平在很多方面都强调过要“两手抓”。比如，“搞四个现代化一定要有两手，只有一手是不行的。所谓两手，即一手抓建设，一手抓法制。”这里突出的是法制对于建设的保驾护航作用；“民主和法制两手都不能削弱”，这是强调的是法制的前提作用，没有民主就没有法制。又如，“我们要有两手，一手就是坚持对外开放和对内搞活经济的政策，一手就是坚决打击经济犯罪活动”，这是因为如果没有打击经济犯罪活动这一手，就会影响社会稳定、人心稳定的大局，不但对外开放政策要失败，对内搞活经济的政策也要失败；“经济方面我们采取两手政策，既要开放，又不能盲目地无计划无选择地引进”，这里强调的是在开放过程中有鉴别地引进。再如，强调一手抓物质文明、一手抓精神文明，如果精神文明搞不好，即便经济发展了，社会也要出乱子，改革也要失败，等等。

统筹协调不等于眉毛胡子一把抓，不能按下葫芦浮起瓢，还要在最重要最紧迫的那个方面，投入资源，单兵突进，打开局面。

仅仅“两手抓”也是不够的，还要两手都硬。他在回顾经济特区发展历程时说，特区建设还有明显不足，一手比较硬，一手比较软，“一硬一软不相称，配合得不好”，只有两手都硬，才能对“以后制定方针政策有好处”，思想政治工作也才能抓好，在当时的条件下，计划经济与市场调节相结合才能搞得好。

如果说“两手抓”是整体上协调推进，那么单兵突进就是在重点领域寻求快速突破，深圳特区的建设就是一个典型。1984 年，深圳特区成立不久，邓小平前往视察，明确说道，建立经济特区，“不是收，而是放”。一个“放”字，道出了特区不是渐进，而是突进。1992 年，在苏联解体、东欧剧变的国际环境影响下，中国的改革开放也受到了一些声音的干扰，邓小平再次视察深圳，说出了那段很有名的话，“改革开放胆子要大一些，敢于试验，不能像小脚女人一样。看准了的，就大胆地试，大胆地闯。深圳的重要经验就是敢闯。没有一点闯的精神，没有一点‘冒’的精神，没有一股气呀、劲呀，就走不出一条好路，走不出一条新路，就干不出新的事业。”一个“闯”字，又道出了单兵突进所需要的精神状态，也道出了所有成功的改革所必备的精神条件。

统筹协调与单兵突进相统一，是更具体的行动意义上的方法，是两点论和重点论的统一。邓小平的战略思维就在于，注重整体中的协调发力，不主张平均用力，也不追求齐头并进，这是步子稳，同时在看准了的一个点上大鸣大放、放手一搏，这是胆子大，用一个词概括，就是蹄疾步稳。

特别要讲的是，邓小平十分重视企业管理，提出了许多影响至远的观点。在改革开放以前整顿工业期间，他就提出：“企业管理是一件大事，一定要认真搞好。”1978 年 9 月，谈到鞍钢改造时，指出要用先进技术和管理方法改造企业，要求企业里要有相当规模的科学研究机构。在标志着改革开放的十一届三中全会上，提出在三个方面加强管理，一是扩大管理人员的权限；二是善于选用人员，量才授予职责；三是严格考核，赏罚分明，并要求干部抓紧学管理。究其原因，在邓小平看来，**重视管理本身就是解放思想的一部分，也只有做好管理才能提高效率，把设计的蓝图变成现实。**这与邓小平重视实践的思想是一脉相承的——重视管理就是重视实践。

四、学习借鉴邓小平战略思维，重启重构企业发展

从十一届三中全会到今天，对于当年所设计的改革开放政策，红利已经吃得差不多了，整个发展形势又再次来到一个不同以往的新阶段。对国家来说，进行结构性调整，开启新的发展，依然要靠改革开放创造新的红利。对企业来说，一方面，要认清并适应外部环境的重构，另一方面，组织本身或整体或局部也要重构，在重构中重启新的发展。

第一，解放思想，解决问题。要把思想从过去的惯性中解放出来，积极适应新的形势、新的变化，不要留恋过往。就像德鲁克所说的，最重要的是不要把精力和企业的资源用于为昨天辩护，而是要想清楚“业务应该是什么”，“规划始于抛弃过去，这种抛弃是为实现未来的目标做出的系统性努力的一部分”，做到这一点，就必须实事求是地分析各方面条件，不要主管臆断，不要拍脑门，而要实实在在地奔着解决问题去，这就是重视实践的战略思维。同时，在一开始就要凝聚组织的共识，因为只有当企业内部一致产生对变革的强烈诉求时，变革才更容易发生和顺利推进。

第二，做好设计，投石问路。顶层设计要明确愿景，比如建设有中国特色的社会主义，就是邓小平设计的愿景，这个愿景也被称为共同理想。有了愿景，还要系统设计四梁八柱、相关原则、长短期目标等，并抓住主要矛盾集中发力。接下来的关键就在于，采用投石问路的方法，围绕目标从事系统的、目的明确的工作。要认识到，除非战略规划能够转化为具体的工作安排，否则再好的规划也不过是美好的愿望。其间，重要的是平衡短期和长期目标，一方面，长期的状况在很大程度上由短期塑造，短期计划要整合进统一的长期行动计划；另一方面，短期目标的实现所达成的成果，可以起到激励人心的作用，而巩固这些成果，总结好的经验，是从量变到质变的必经之路。

第三，协调协同，敢闯敢干。组织规模越大，越要面对统筹协调之难、协同推进之难。通观邓小平的战略思维，贯穿其中的一条主线就是平衡好发展与稳定的关系，毕竟，不稳的船也跑不快，还有翻船的风险。企业也是如此，协调协同是处理好这对关系的重要方法。同样重要的是，要有一个突破口，这个突破口既是个试验地，也事关全局，在这里不仅可以尝试和验证新想法，还可以培育和巩固新精神。改革开放过程中孕育出来的敢闯敢干精神，已经成为一种民族精神，也是企业家精神的重要内涵，这种精神不仅过去需要，现在更加需要，不管任何时候，“没有一点闯的精神”，“就干不出新的事业”。

作者简介：翟文（笔名）致力于党建党史及企业文化管理、组织建设的关系研究，以及企业史、企业文化案例的研究撰写。为多家央企国企提供过党建与企业文化建设咨询辅导服务。

孔子与德鲁克的“对话”：坦诚文化的 4A 原则

■ 作者 | 彭信之

子曰：“君子周而不比，小人比而不周。”（君子开诚布公而不偏爱同党，小人偏爱同党而不开诚布公）

德鲁克对曰：组织必须是透明的。员工需要知道和了解他们在什么样的组织结构中工作。这听起来非常合情合理，但是大多数机构（甚至在军队中）多半做不到。（21 世纪的管理挑战 [M]. 北京：机械工业出版社，2006.）

组织透明有很多好处，比如透明可以产生自治性，自治提高了组织整体积极性、速度和效率。当信息被公开分享时，公司的层次观念就会弱化，并且文化氛围就会得到改善。当组织的发展变得敏捷，并且建立在消息灵通、授权、积极与思考的个体的基础上，他们就会更快地响应市场变化。当大家通过透明共享相同的现实情况时，组织变革会更加容易。

公司可以建立一些透明化的机制，比如每周向大家更新业务信息，包括数字、人力资源、销售和项目信息；比如邀请更多同事参与公司范围的决策，并且向同事们解释决策背后的原因。比如会议公开，如果大家想参加，他们都是受欢迎的，等等。

总之，**从小步地共享信息开始，提高企业的坦诚度，是管理形式进化的途径之一**。这需要我们打造一个“周而不比”的工作环境，让坦诚成为工作的原则，同时说明坦诚的方法，而不是动辄去指责某一名员工“比而不周”。

我们的一个学习榜样是奈飞。奈飞联合创始人，已卸任 CEO 的里德·哈斯廷斯认为，领导者要开始提高企业坦诚度，要让员工以积极的态度说出真实的想法。

奈飞公司提高团队坦诚度的两点做法如下：

1. **鼓励员工对领导提出反馈**。要想培养坦诚沟通的文化，很多人以为企业领导者要以身作则，先向员工做出反馈。但奈**飞坚持第一步应该是让员工学会向领导者坦诚地反馈**。因为领导向员工提出反馈是相对容易的，而让员工向领导者坦诚提出反馈，就比较困难了。

一个人在组织中地位越高，收到的反馈就越少，就越容易犯下除他之外所有人都能看得见的错误。为了避免这点，奈飞对内部的经理提出了两个要求。第一，经理必须不断地向员工征求反馈。第二，经理收到员工的反馈时，在态度上必须做出“认同提示”，比如做出点头、握手等肯定的态度，或者当众赞赏反馈者的反馈意见，让员工感觉可以安全地向领导者提出反馈。

2. 采取 4A 反馈原则，指导员工有效反馈。员工向领导提出反馈时都会存在担忧心理，“领导会不会记仇？”，所以为了鼓励员工反馈，领导要表现出认同。

奈飞总结了一个“4A 原则”，解释什么样的反馈才是有效的反馈，并且对员工进行培训，学会正确地给予和接受反馈。

▸ **帮助（Aim to assist）：提供反馈时，目的在于帮助**。反馈者应清晰阐述这样做对他人和公司有什么样的好处，而不是对自己有什么好处。

▸ **反馈具有可行性（Actionable）**。反馈必须说明接收人可以做一些什么样的改变。

▸ **收到反馈时，要感激与赞赏（Appreciate）**。因为我们面对批评时都会本能地为自己辩护，奈飞鼓励并训练员工有意识地反抗这种本能，尤其是要求领导者以欣赏和感激的心态面对负面反馈。

▸ **接受或拒绝（Accept or discard）**。收到反馈时，你需要认真倾听，认真思考，但不是每条反馈都是要求你照办的。反馈者和收到反馈的人都必须清楚：对反馈意见的处理完全取决于反馈接收者。如果反馈者认同这条反馈内容可以帮助团队和公司变得更好，收到反馈者可以接受；反之，收到反馈者可以拒绝，但依然需要认真倾听，认真思考，并表示感激和赞赏。

注：本文来源于自媒体“彭信之管理识堂”中的“论语笔记”系列，作者为德鲁克学院讲师彭信之，文中标题为编者所加。

向毛泽东学习思想领导法

■ 作者 | 薛冬霞 彭剑锋

“我们公司创业十几年，现在员工也就不到二百人，制定过的制度、流程加起来比桌子还高，为什么还是一团糟？”这是在一次管理咨询中，一位企业老板向笔者表达的疑惑，其实这样的疑惑并不鲜见。

很多企业都注重流程与制度的建立与优化，这些流程和制度有其价值，但作用有限。因为它们规范的只是员工的手和脚，解决的是如何正确地做事的问题。而面对急剧变化的世界和企业内部的快速调整，员工更需要知道究竟什么才是正确的事，也就是说员工不仅需要管理，更需要的是领导，而领导最关键的是思想领导。

一、思想领导是最强有力的领导

企业关注的是员工行为，因为行为与绩效直接相关。但是行为之果不仅来源于个体所拥有的知识、技能与能力，还根植于其所拥有的认知、价值观的思想土壤之中。从根本上说，一个人的思想决定着他的行为。

在人类的思想意识领域，NLP（自然语言处理）进行了大量的研究，并提出逻辑思维层次理论，它把人的认知分为六个层次，从低到高分别为环境层、行为层、能力层、信念与价值观层、身份层、愿景层。层次越高，影响力越大，高层次可以影响低层次，而低层次无法影响高层次（见下图）。

从逻辑层次的角度来说，制度、流程更多体现在行为层，也就是如何做事，如果如何做事的规训没有让员工在更高的认知层面被接纳，形成思想上的转变，其效果都只会大打折扣。

拿破仑曾说：“世上有两种力量：利剑和思想；从长而论，利剑总败在思想手下。”因此，对企业来讲，比流程和制度更

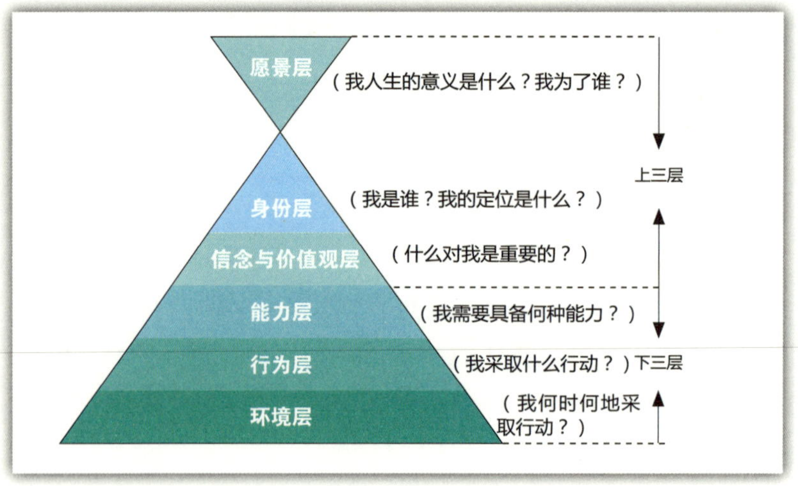

逻辑思维层次

重要的是对员工进行思想领导，如果员工们达不到思想上的一致与共识，就难免离心离德，自说自话，最终一盘散沙。任何强有力的组织，一定是有强大思想领导力的组织。

二、毛泽东思想领导的内容

在思想领导方面，古今中外，毛泽东可以说鲜有出其右者。在革命斗争中，他把思想教育看作斗争的中心环节。中国革命的胜利，离不开毛泽东强有力的思想领导。对企业领导者来说，毛泽东的思想领导有着极大的可借鉴之处。**毛泽东的思想领导主要体现在以下几个方面。**

（一）革命行动，必须思想先行

中国共产党从一个初创时只有 50 多名党员的小党发展成为拥有 9000 多万党员的执政大党，很大程度上在于其强有力的思想领导。

毛泽东从革命伊始，就重视思想工作。他表示："我们感觉无产阶级思想领导的问题，是一个非常重要的问题。"（毛泽东选集（第 1 卷）［M］. 北京：人民出版社，1991.）1935 年瓦窑堡会议之后，思想建党被作为党的建设的重要方面。毛泽东甚至指出："掌握思想领导是掌握一切领导的第一位。"（毛泽东文集（第 2 卷）[M]．北京：人民出版社，1996.）

思想可以超越生理，爆发出惊人的战斗力。这种意志力在飞夺泸定桥中展现无遗，1935 年 5 月 26 日，毛泽东等领导人根据战况，作出了飞夺泸定桥的指示。接到命令后，红四团战士冒着大雨，负重在崎岖陡峭的山路上奔袭一昼夜，行进 240 里，之后，又面对敌人的密集火力与桥头大火，经过两个小时的战斗，最终占领了泸定桥。

飞夺泸定桥是中外军事史上的奇迹，硬生生地把不可能变为可能，对于它为什么能够取得胜利，很多人给出了自己的答案。不过笔者认为最根本的原因是战士们战无不胜的精神力量，这种精神力量来自共产党不断向红军宣传党的理想和初心——“为了中华民族复兴，为了劳苦大众翻身解放”，让战士们战无不胜。如果没有这样的思想和精神力量，处于极度疲乏的士兵，不可能一个昼夜负重行军 240 里，去攻克这样一个看上去无法完成的任务。

（二）思想引领，达成革命共识

在中国革命 28 年的历程中，因为力量弱小，或者敌强我弱，中国革命或处于低潮，或面临道路分歧，内部意见不一，这时，毛泽东通过思想引领，达成革命共识。

1929 年，国民党湖南军阀何键占领了井冈山，红四军主力陷入困境。中国共产党内部很多人彷徨、困惑，也因此产生了很多的矛盾和争论。有人给毛泽东写信，提出“红旗到底打得多久？”

毛泽东看了来信之后，感到这个问题并不仅仅是个别人的疑惑，应该是当时很多人心中的困惑。为了消解人们心中的疑惑，毛泽东回了复信，还将其油印，请各大队党支部学习，以便让人们认清当前的形势，并领会他的思想和意图。

在这封后来被称为《星星之火，可以燎原》的复信中，毛泽东深刻阐发了他的革命思想，并描绘了鼓舞人心的革命景象。他写道：“我所说的中国革命高潮快要到来，绝不是如有些人所谓‘有到来之可能’那样完全没有行动意义的、可望而不可即的一种空的东西。它是站在海岸遥望海中已经看得见桅杆尖头了的一只航船，它是立于高山之巅远看东方已见光芒四射喷薄欲出的一轮朝日，它是躁动于母腹中的快要成熟了的一个婴儿。”（毛泽东选集（第 1 卷）[M]. 北京：人民出版社，1991.）

通过这封信的广泛传播，它在很大程度上消除了党内人士的悲观、迷茫情绪，让他们看到了希望，点亮了中国革命的灯塔，指明了前进的方向。

（三）思想宣传，发动舆论攻势

在中国共产党与国民党的斗争中，毛泽东强调“共产党是左手拿传单，右手拿枪弹才可以打倒敌人的”。（建党以来重要文献选编（第 5 册）[M]. 北京：中央文献出版社，2011.）

1947 年，中共领导人告别延安转战陕北，有两支队伍随行其中：一支是指挥打仗的作战部，另一支是负责进行发动舆论攻势的新华社。为了更好地发动舆论攻势，毛泽东亲自撰写了大量文稿。他后来说：“中央留在陕北靠文武两条线指挥全国的革命斗争。武的一条线是通过电台指挥打仗，文的一条线是通过新华社指导舆论。”（胡乔木回忆毛泽东 [M]. 北京：人民出版社，1994.）

正是这样的舆论攻势，让共产党赢得了老百姓的支持，最终推动中国革命走向胜利。在淮海战役期间，解放军 60 万人对阵国民党军 80 万人，敌强我弱，但因为广大人民参与支持共产党，让天平向共产党倾斜。这次战役期间，有 500 多万名支援解放军的百姓，平均 1 名战士身后就有 9 名百姓“护航”。整个后勤服务系统靠的是人民群众，广大老百姓靠着独轮车来进行物资补给、运送伤员、维修交通，为解放军运输给养的民工车辆，如果首尾相接将超过 1000 公里。国民党陷入了解放军布下的人民群众的天罗地网。

（四）思想改造，实现化敌为我

在解放战争中，共产党之所以能够战胜国民党，非常重要的一点在于共产党能够化敌为我。甚至到了“即俘、即补、即战”的程度，也就是上午俘虏，中午补充到解放军的部队里，下午就参加作战。

如何实现从战俘到我军的转化？答案是：思想工作。具体做法如下：俘虏兵被俘虏之后，会组织他们先开诉苦会，再进行阶级教育，然后是情感感化。诉苦会是让俘虏们尽情回忆曾经遭受的苦难经历，痛陈社会的黑暗和残酷，然后告诉俘虏们，这种黑暗与残酷都是因为国民党政权造成的，从而激发起俘虏们要加入共产党，推翻国民党政权的冲动。阶级教育是教育俘虏们天下穷人是一家，应该一起推翻旧社会，翻身求解放，教育他们应该同共产党一道，翻身求解放，鼓励其站在人民的立场上来。情感感化是优待、关怀解放战士。不打不骂，还给予生活方面的优待，这些解放战士，以前从未受到过这样的待遇，所以很快就实现了转化。

这种即俘、即补、即战的做法，不仅是世界五千年战争史上空前绝后的战争奇观、历史奇观，也堪称绝无仅有人文奇观。它背后是思想的力量。

> 《论持久战》如一束亮光，拨开了笼罩在人们思想上的迷雾，为战士们树立了信心，坚定了信念，并最终引领中国抗战走向胜利。

除了对国民党的俘虏转化外，中国共产党甚至还通过思想教育，实现日军俘虏转化，为我所用。百团大战后，日本战俘一部分释放，一部分交给国民党，还有一部分分散在八路军各部。经过思想方面的改造，再加之生活照顾和情感关怀，很多俘虏不仅自己实现了转化，还发放传单、书写反战标语，创作歌曲，宣传党的抗日政策和战俘政策，为中国革命做出贡献。

三、毛泽东思想领导的方式

毛泽东的思想领导有多种方式，既有通过写文章答疑解惑，提升认知，也有不断地教育灌输以及润物无声地引导。

（一）写文章，阐明思想，促成共识

毛泽东一生著作颇丰，其中很多篇章成为经典，指引了中国革命的进程，比如《中国革命战争的战略问题》，总结了中国革

命的经验和教训，批判了“左”倾错误，帮助人们认识中国革命的特点，消除思想误区。《矛盾论》《实践论》和《反对本本主义》等文章通过阐述马克思主义的基本理论，揭露党内经验主义和教条主义的思想根源，帮助人们建立正确的思想方法。《战争和战略问题》指出抗日民族统一战线要摈弃投降主义，坚持独立自主，说服教育对中国革命战争认识不清的人，统一全党思想。

（二）召开会议，宣贯思想

会议是毛泽东实现领导的重要方式，很多思想通过会议被宣告贯彻，指引了中国革命的发展方向。比如在八七会议上，提出“枪杆子里出政权”，使军事斗争成为工作中心。古田会议提出党对军队的绝对领导，解决了中国革命过程中的领导权问题，并提出要着力从思想上建党，克服各种非无产阶级思想的影响。瓦窑堡会议上提出党的基本策略是建立最广泛的抗日统一战线，解决了在中国革命的政治路线问题上的思想共识。总之，党史上很多重大会议的论断和观点，以及在会议中形成的决策，澄清了党内存在的错误与疑惑，实现了思想的高度统一。

（三）课堂教育，灌输强化，达成思想统一

毛泽东指出：“掌握思想教育，是团结全党进行伟大政治斗争的中心环节。如果这个任务不解决，党的一切政治任务是不能完成的。”（毛泽东选集（第3卷）[M].北京：人民出版社，1991.）为了进行思想教育，共产党在陕甘宁边区创办了二十多所干部学校。

中央领导均在学校任教，毛泽东不仅为抗大制订了教育方针和校训，还亲自授课。在抗大第二期，毛泽东讲授《辩证唯物论》，每星期讲2次，每次4学时，从1937年5月开始，历时3个月，授课110多学时。所有教育的核心是进行思想教育，提高党员们的理论常识，保证人才在思想上的正确性和坚定性。

（四）推荐书目，建立共同的学习机制和方法论

毛泽东认为：“领导经常要做决策，许多人参与决策，如果大家思想方法一致，考虑问题有一个共同的思想平台，那么就容易形成一致的意见。就怕事到临头了，你一个意见，我一个意见，大家谁也说服不了谁；如果不学习，那打起仗来就不得了了，诸子百家都出来了。谁也说服不了谁，那时候再想学就晚了。”（向毛泽东学管理［M］. 北京：当代中国出版社，2010.）

为了保证干部在同一思想平台，毛泽东为干部们推荐了包括《社会发展史》《共产党宣言》等书目。1958 年，针对“大跃进”中出现的“左”倾错误。他建议各级领导阅读《苏联社会主义经济问题》和《马恩列斯论共产主义社会》两本书，以澄清“头脑中一大堆的混乱思想”。

除了以上的这些方法，还采用办板报、座谈、发动运动等多种形式进行思想领导，以达成目标一致、利出一孔。

四、结语

在艰苦卓绝的革命岁月里，毛泽东的思想领导安定了革命志士和老百姓的心，成为引领中国革命的灯塔，带领中国人民穿越迷雾，最终取得了革命胜利。

今天的企业所面对的最重要的问题是为谁奋斗的问题。在互联网时代，人们获取信息的来源丰富，价值观多元，利益诉求多样，达成共识变得困难。面对现实，企业领导者更需在多样的选择中，找到最大公约数，并坚定不移地宣传，达成一定程度的思想共识。

当然，不可否认，人的思想是微妙而复杂的，要达成思想共识是有难度的，但是它值得努力。因为思想方面的一个小改变，就会带来行为方面大的改变。一个领导者如果不能实现思想领导，就会让自己沉溺于大量繁杂而琐碎的工作，从而没有精力去思考与处理对组织更重要的事。

最后，需要说明的是，领导者要对他人进行思想领导，其前提是自己需要有思想，这需要领导者的持续学习与思考，不过，这属于另外一个话题。

作者简介：薛冬霞为鲁东大学教育科学学院讲师，研究方向为组织行为学；彭剑锋为中国人民大学劳动人事学院教授，博士生导师，研究方向为人力资源管理。

阅读

CHINA STONE

领导可以只关注战略，而把执行交给其他优秀人才的这种想法，完全是一种谬论。

——高德威

战略和你想的不一样

■ 作者 | 加里·哈默尔 伦敦商学院战略及国际管理教授，
《公司的核心竞争力》的作者之一，被称为“战略研究大师”

编 者

这篇文章是哈默尔在其研究成就最鼎盛的时期写成的，发表于 1990 年，是一篇很有见地的文章。原编者评价：“它开阔了战略的视角，将其带入生活，并且给出了合理的建议。”

战略这行有个不可告人的小秘密，那就是它根本没有任何战略制定方面的理论。无论何时遇到一个绝佳的成功战略，我们都想问：“是交了好运，还是有先见之明？这些家伙是对一切都了然于胸，还是误打误撞就成功了？”

需要记住的关键一点是，真正有创新性的战略总是幸运加先见之明的结果。再强调一遍，总是！然而，先见之明不会出现在真空式的不毛之地，而是出现在充满着过往经验、并发趋势、意外谈话、随机思考、职场曲折和未尽抱负的肥沃土壤之中。但问题仍然存在。我们能否做些什么来增强供战略生长的土壤肥力？我们能否在机缘巧合之下有意外收获？或者至少促成其发生？我认为这是可以实现的。

深入发展战略创建理论是一个很好的着手点。很明显，**战略制定并不是某种“事物”，也不是某种过程。相反，它必须是一种深层次的能力，一种对所在行业真实情况进行理解和颠覆的能力，然后能够对即将来临的新机遇进行设想。**

战略制定不是一年一次的“祈雨仪式”，也不是 10 年一次的咨询项目。战略制定必须是一项深层次的技能，如同全面质量管理、缩短周期或提升客户服务。就像业务流程可以通过大大小小的方式进行重塑一样，商业模式也可以如此。这就是新财富的创造方式。

组织可以通过以下 5 种方式从根本上重新思考其使命。

1. **倾听新的声音**。公司失去未来，不是因为组织臃肿或懒惰，而是因为盲目。这种盲目是与生俱来的。土地对鱼来说是个谜，因为鱼在基因上不具备理解土地的能力。而当鱼对土地有所了解时，往往已经太晚了。同样，很多公司在基因上没有能力看到未来在哪里。基因多样性的缺失使得公司很难囊括并利用各种趋势和非连续性来创造新的财富。新的声音，即新的基因物质，必须纳入制定战略的过程。多样性是生命发展的要求，也是新战略涌现的要求。

2. **开展新的对话**。战略不仅取决于各种不同的声音，也取决于这些声音之间的联系。为使战略涌现，我们需要新的对话，要能够跨越职能、技术、层级、业务和地域的边界。有一点是可以肯定的：如果一家公司连续五六年都由同样的 10 个人或 15 个人以同样的方式进行关于战略的对话，那么新的见解就不可能出现。战略制定取决于是否创建了一张丰富而复杂的对话网络，而这些对话网络能够打破以前相互隔绝的知识孤地，并创造出各种意想不到的新的见解。

对话不能急于求成，不能严格按照脚本进行，当然也不能硬塞进典型的规划过程或是豪华酒店举办的为期两天的战略“务虚会”之中。

我们经常感叹这样一种现实：一项新战略要花那么长时间才能通过官僚组织的层层把关，到达能够分配资源的管理层。鉴于此，很多公司都曾设立单独的部门，也就是通常所说的“新风险部门”。但是，不妨想象这样一种战略过程：掌握所有资源的高管层与那些通常被排除在战略领域之外、没有战略过程参与权的年轻人及新人并肩工作，会发生什么？

3. **找到新的视角**。你无法提高一个人的智商，但可以帮助他以新的方式来看待世界。你可能上过经济学课程，一开始并不喜欢它，但有一天，你就像开窍了一样，开始用新的视角来看待这个世界。突然间，你明白了利率是如何确定的，供求关系如何决定价格，以及哪些因素会影响汇率。你变得豁然开朗。伟大的战略需要新的观察方式。对公司业务的重新定义能更好地构建起新的观察方式。

不过，能提供启迪的不只是一个新的视角，也可以是一个新的有利位置。有时，一家公司根本无法从它所处的位置看到未来。例如，诺基亚是芬兰一家生产手机的公司，总部位于北极边缘，它可能会因位置不利而无法追踪地球另一端的人们在生活方式上的趋势，而这些趋势可能会从根本上重新定义其所处的行业。要想解决这个问题，一个可能的方案是将芬兰的工程师派往美国加利福尼亚州的威尼斯海滩、英国伦敦的国王路，或在地球上引领生活方式新趋势的其他地方，让这些工程师沉浸在新的文化环境中，并且改变他们的经验基础。制定创新战略的机遇并不来自枯燥的分析和数字计算，而来自能够为新见解的产生创造机遇的新经验。词曲作家吉米·巴菲特（Jimmy Buffet）将其简述为："纬度改变，态度随之改变。"

4. **激发新的热情**。我们常常忽略了战略的情感一面。如果战略在一定程度上是关于集体目标和共同命运的，那么难道我们不需要在战略的创建方式上明确承认这一点吗？例如，是否有人曾明确地研究过投入的问题？我指的不是高管对财务资源的投入，而是组织底层的个体情感的投入，他们被要求奉献自己的一生来实施一项新战略。

我相信，提高投入的一个方法是让组织上下的个体都深入参与战略创建的过程。我认为个体应该拥有发言权，从而决定他们为之付出努力的组织的命运。我相信，几乎每个人的内心深处，都对发现和创新充满热情。我们尝试去新的餐馆，去新的地方度假，寻找各种新的体验。当组织邀请其成员参与规划集体的命运时，其中所迸发出来的热情总是让我感到惊奇。

5. **进行试验**。热情和先见之明的作用也是有限度的。战略执行的最终目标可能清晰可见，如"我想爬上那座山"，但从起点来看，大部分路线可能是不可见的。要想看清前面的路，唯一的办法就是开始行动。因此，相较于先见之明和热情，试验对战略来说同样重要。

在很多组织中，对效率的追求使得试验被排除在外。我经常问管理者一个问题：“你能指出公司里正在进行的 20 个或 30 个小试验吗？即你认为可以从根本上重塑公司的那种试验。”在大多数情况下，回答是否定的，没人能指出来。

试验的广度必须与公司所面临的不可知的程度相关。关于不可知的问题，美国通用电话电子公司（GTE）总裁肯特·福斯特（Kent Foster）这样说道：“我们谈论的是仍在不断发展的产品，通过每天仍在变化的技术，交付给一个仍在兴起中的市场。”对任何试图在新经济的混乱狂潮中找到出路的管理者来说，这听起来一定很熟悉。很显然，在这种环境中，试验是必需的。试验越多，公司就越能快速、准确地了解哪些战略可能会奏效。我们的目标不是去制定完美的战略，而是要制定能把我们带到正确方向上的战略，然后通过快速的试验和调整来逐步完善战略。

（资料来源：[加]亨利·明茨伯格，布鲁斯·阿尔斯特兰德，约瑟夫·兰佩尔．战略反击 [M]. 张宝，译．杭州：浙江教育出版社，2023.）

领导力是同时做好三件截然不同的任务

■ 作者 | 高德威 美国霍尼韦尔公司前董事长、CEO

领导力本质上是一项智识活动

领导力，究其本质来说，是一项智识活动。再傻的人也能做出一定的改进，这根本不需要多少思考或者创造活动。最优秀的领导者都明白，组织中总是会出现各种紧张态势，而他们的职责就是从根本上解决问题，从而为企业创造更佳的业绩。

传统智慧认为，从所售商品或服务中获取高利润率的代价是牺牲销售总额。传统智慧也认为，你当然可以把决策权交给一线员工，但你必须承受失去控制权和出现灾难性后果的风险。传统智慧还认为，要提升客户交付满意度，你就得放弃削减库存的目标。

我后来开始相信，**伟大的领导者会不断督促自我及他人对业务做出深刻理解、深入反思。**唯有如此，他们才能同时做好两件看似矛盾的事情。**正是这种智识的严谨性，这种严密而好奇的思维规范，让领导者能从容应对他们所面对的最为关键的矛盾冲突：在取得强劲短期业绩的同时，为赢得长期目标而展开对未来的投资。**

即便有了这样的认知，我也非常清楚，大多数高管和经理根本不会靠自我驱动迎难而上，也不认同值得为此付出智识上的努力。20 世纪 90 年代初，通用电气的领导者非常满意我们在削减库存上所取得的成效，他们让我们和公司其他业务线的人交流，分享我们的经验。在听完我们的演讲后，一位听众举手提问：“所以，让你们取得这么好成效的最重要的事项是什么？”

我回答说：“并没有什么最佳实践。一切改变都是因为我们有了一种智识严谨性的思维方式。你们应该在组织内部复制的，正是这种思维方式。”

听众纷纷点头称是，但实际上他们并没有真正理解我说的话。几分钟后，有人又举手提问：“好，没错，那是一种思维方式。但能不能说说，是哪件事情给你们带来了真正的改变？”他们想要的是一种立竿见影的方案，这样就不用为自己的业务绞尽脑汁了。

事实上，**努力思考才是唯一真正的答案**。

同时完成三种截然不同的任务

如何大幅提升个体思维与团队讨论的质量，这是我作为首席执行官所面临的首要且持久的挑战。在解释我是如何展开行动的之前，先容我给大家介绍一个我长期以来一直在使用的领导力框架。

在我看来，**领导力可以归结为三种截然不同的任务**。第一，领导者必须掌握动员大众的秘诀。 第二，他们必须为团队或组织确定正确的前进方向。 第三，他们必须能够团结整个团队或组织，沿着正确方向，朝着预定目标前行。

多数人都把领导力的重心不成比例地放到第一个要素，即激励团队上。他们会联想到史蒂夫·乔布斯这种充满人格魅力的领袖，他们正是凭借深邃的演讲鼓动人心，激发群体能量。**但事实上，动员大众仅占领导者职责的 5%，最卓越的领导者则几乎把全部时间用在了领导力的后两个方面：做出英明决策，并且始终如一地执行决策。**

我认识到，要解决这一问题的首要且最佳方式就是通过亲身示范，向大家展示批判性探究的整个过程。没错，我要传递清晰的指令，那就是我们必须通过自我驱动，同时实现两个互相冲突的目标。但我不是简单地规定目标，而是会先让他们做出明智的决定，向他们询问业务方面的关键问题，并且推动他们找出创造性的解决方案。

我和航空航天业务部门领导里奇的对话就非常典型。我没有被动听取报告，而是不时果断但有礼貌地打断他们的汇报，就业务提出问题。

我会在会议之前就提出若干关键问题以供团队思考。我认真听取他们的回答，然后提出更多关切，若答复不令人满意，我也会直截了当地指出来。我是不是有点儿咄咄逼人、吹毛求疵，甚至略微（或非常）惹人厌烦？毋庸置疑。

但是，老话说得好，无理的管理要求才是进步的动力，我对此深信不疑。领导者必须对员工有所要求，否则只能取得微不足道的成果。个人和组织的能力，要远超出他们自己的想象。与此同时，领导者也不必穷凶极恶。我总会尽量礼貌地提问，因为我知道，只有彬彬有礼而非随意指责、颐指气使的领导，才会得到员工的更积极响应。

鞭策他人其实也是在鞭策自己

要求我们的领导者以更为严谨的方式制定决策，意味着我也必须更多地投入工作。我不仅需要花费时间在会议前就酝酿好给团队的重要问题，也需要更多地让自己了解特定业务，以及了解影响这些业务的广泛趋势。为了更好地了解我们的运营情况以及他们面临的挑战，我在担任首席执行官的 15 年中参访过大量工厂，拜访过 100 多个国家的客户。回到总部，我每天要阅读 5 份报纸以及许多重要的商业出版物、图书及杂志，涉猎各种不同的话题。

> 领导者必须对员工有所要求，否则只能取得微不足道的成果。

我拜会各种各样的人，包括行业之外的首席执行官、金融人士、投资者、政策制定者等，以了解他们对新兴趋势的看法。我也会拿着我的蓝色笔记本，独自坐在办公室思考公司业务。我给自己设置问题，然后尽力回答。我也会反思外部趋势对市场的影响，并研究如何应对。

为了能够保持宽广的视野，我还主动学习了不少专业性知识。在霍尼韦尔任职期间，我仔细研究了信息技术、法律、社交媒体等多个领域。我知道这些领域的新趋势正在对我们的业务产生影响，所以我必须对它们略知一二。

我不可能成为所有行业的专家，**但是我提出的问题，必须能够激励那些作为专家的团队成员，让他们能够以崭新的创造性的方式进行思考。**他们知道我会问一些尖锐的问题，因此他们也得学会用外行人能够理解的方式向我阐述商业理念。对他们而言，这其实是一种优化思维方式的强迫式训练。

我这种努力涉猎不同领域的态度也激励了团队中的其他非专家。如果一位白发苍苍的首席执行官都能对物联网如数家珍，那么我们的法律、人力资源或者运营线上的高管也必须跟上脚步，要不然他们在对话时就可能会显得孤陋寡闻。

不仅需要决策，更需采取明智的执行策略

严谨而明智的决策非常重要，但仍不够。理由很简单，领导制定了决策并不意味着万事大吉。**为了能够同时实现短期和长期目标，或者其他任何两个看似矛盾的目标，领导者必须采取严谨而明智的执行策略。**懒于执行的领导者真的数不胜数，因为他们觉得这应该是下属的事。领导者还认为不应该管得过细。在他们看来，组织中的中下层员工只有在感受到自主性时才能有主动性，因此领导者该放手时就要放手。

放权和信任当然至关重要——你不可能事事亲力亲为，也不应该如此。

话虽如此，但你也不应该完全放弃自己应有的权威。你必须行使监督权，以确保员工和组织真正按预定目标推进执行。

我在这方面可有过惨痛的教训。当年我担任通用电气客户服务部门副总裁，负责为客户修理电器等业务。这项业务规模庞大，每年的营收大约有5亿美元，但因为产品质量不断提升（人们不再需要经常修理他们的洗碗机和洗衣机），该业务的用户需求不断萎缩，而我们的劳动成本却越来越高。为了改进业务，我启动了一项重组计划（这是我在与客户、服务技术人员以及其他人进行了多次实地考察后做出的一项决策）。我还投重金启动了一项大型IT（信息技术）项目，用于改善服务技术人员的派单流程。一旦实施，这一项目将在降低成本的同时大幅提

高客户的满意度。

我对 IT 所知甚少，因此我主要倚仗 IT 部门的领导，由他向我汇报该项目的进展情况。一切看起来都很顺利，但突然有一天我被告知，项目失败了。我们发现整个系统根本无法运转，而我们已经在这上面浪费数百万美元。这是一场彻头彻尾的灾难。从那以后，我就养成了对重大项目保持密切关注的习惯。

领导可以只关注战略，而把执行交给其他优秀人才的这种想法，完全是一种谬论。你不需要事无巨细，而且你确实需要适时调配对不同领导者的监督权。但在时间有限且事项紧急的情况下，即便最具才华的员工，也常常会忽视那些复杂且长期的项目。领导者必须深入其中，以确认所有项目都在按计划推进。他们必须确保“机器”每天都在运转——他们必须确保员工拥有执行决策所需的工具及流程，同时必须千方百计改进这些工具及流程。

我为霍尼韦尔领导者确立的智识规范之一，就是要深入了解执行细节。我把掌握实际情况视为己任，正如我之前提到的，我会实地同一线员工交流，我也会和不同层级的经理对话，以了解他们对关键业务问题的看法，我还会定期和直接下属沟通，了解我们的执行情况以及如何才能把事情做得更好。

担负起绩效和智识的教练角色

对执行情况保持关注，并非仅仅为了让员工负起责任。通过探究式提问，我也担负起这些领导者的绩效教练的角色，我不仅督促他们保持专注，还为他们提供能够解决具体问题的智识框架。

“我们需要新产品，钱在这里了，去干吧。”当领导者要是这么简单就好了。实际上，领导者还必须敦促员工思考创新，因为只有这样，投入项目的钱才不会打水漂。他们应如何建立一个能够催生大量新理念的思维流程？如何确定哪些新产品值得投资，哪些需要舍弃？应当安排谁负责产品开发，以引起组织足够的重视？如何确保技术人员与市场团队实现互动，以开发出满足市场需求的产品？如何理解用户、安装人员以及维护人员的体验？产品经理是否从一开始就应该介入全权负责产品或服务，以保证产品介绍的准确性？

通过提出如上这些问题，我其实是在向这些领导传授我的经验，提醒他们在开展具体项目时可能遇到的各种运营问题。为什么制造流程会出错，为什么组织经常会深陷转型旋涡，为什么价格上涨不起作用，关于这些问题，我都有切身体验。

通过对自己成功和失败的反思，我养成了在出现各种情况时提问的习惯，如此便可以避免一错再错。**通过深入提问和对简单答复的拒绝，我让团队成员对各自业务有了更深入的理解，也让他们有了更强的执行力，还提高了他们解决具体问题的能力**。我希望我所花费的时间和努力能够增加他们的成功概率。

培养团队智识思维，对一个团队或组织来说，思维的质量尤其重要。如果你想要业务既能赢在今日，又能赢在未来，那么就必须对业务进行重新排列组合，唯有如此，才能取得成果，且更为高效。这意味着团队或组织必须具备智识思维，必须保证员工对每一项决策都能展开深度思考。一定要为智识思考设立标准，要让你的员工同时追求两种看起来相互矛盾的目标。

你要深入了解业务，唯有如此，你才能对团队的智识探索加以塑造与指导。精心分配你的时间，不要成为日程表的受害者。一定要抽出时间阅读、研究和思考，把会议变成充满活力且富有启发性的辩论。同时赢得今天和明天不是易事，但也并非不可能完成的任务。你不仅需要全心投入，还需要正确的思维方式。

（资料来源：高德威．长期主义：关注短期业绩，更要投资长期增长 [M]. 崔传刚，译．北京：中信出版集团，2021.）

新书推荐

量子管理带来的新契机（前言节选）

量子力学是基于经典力学和相对论形成的对世界的进一步认知。这个认知模型不但具有更强的信息处理能力，而且与事件因果律的拟合程度更高，对未来趋势的判断更加精准。在现实中，量子力学不仅广泛地应用于各种先进的技术装备和前沿科技领域，也渗透到我们生活的各个方面。事实上，只要是用到原子的事物，如原子钟、激光、电子显微镜、核磁共振的医学图像、半导体芯片等，都利用了量子力学的效应和原理。量子力学所蕴含的思维理念和方法逻辑，如强调整体而非部分、强调关联而非独立、强调综合而非分析、强调辩证而非还原等，不仅适用于分析处理具有高度抽象性、虚拟性且带有明显信息表征的事物对象，而且与现代企业所倡导的系统化、网络化、人性化、自组织等观点紧密契合。虽然我们还在不断探索适应现代企业管理的新理论和新范式，但是毫无疑问，量子理论及其所蕴含的量子思维已经为我们提供了一个极富启发性和引领性的发展方向。

当我们还在思考量子理论和量子思维在企业管理中的可用性和适用性时，很多企业其实已经走在实践的道路上。海尔掌门人、管理思想家张瑞敏是国内首先倡导量子思维

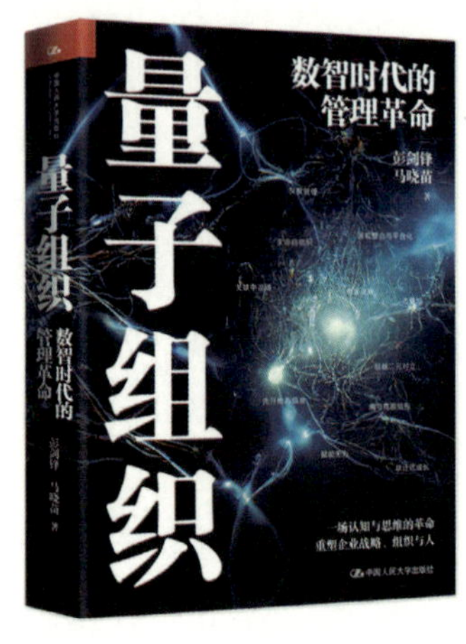

书　　名：《量子组织——数智时代的管理革命》
作　　者：彭剑锋　马晓苗
出 版 社：中国人民大学出版社
出版时间：2023 年 3 月

和量子管理的企业家。海尔推行的平台化改革、人单合一的管理模式，以及小微创业、自组织自驱动、员工创客化等理念机制也都与量子管理模式紧密契合。作为一家研发生产超材料尖端装备的新锐公司，光启更是将量子力学中的很多理论和原理（如波粒二象性、不确定性原理、能级跃迁原理等）打造为自己的“基本法”与核心管理原则，直接用于企业经营， 并且取得了巨大的成功。此外，华为的“灰度管理”和“熵减哲学”，阿里巴巴的“平台生态圈”和“自组织建设”，美团整合 B 端供给侧服务的“产业中台模式”，字节跳动“网络化”的产品创新思维，拼多多“以人为先”的新电商模式，亚马逊构建的“战略飞轮”，微软基于“同理心”所实现的对企业的全面刷新，奈飞“第二曲线”的增长模式等世界一流企业的管理理念和组织机制都可以用量子思维和量子管理来充分解释。尽管上述绝大多数企业并没有明确提出它们的经营实践受到量子理论的启发，但是整体关联、矛盾整合、自组织涌现、意义导向等量子思维的基本理念无时无刻不贯穿它们的经营活动和管理实践中。

以上企业的成功实践进一步揭示出，量子理论不仅能够以一种令人满意的方式解释我们的日常经验世界，其前沿性、革命性的思维理念更为组织的发展以及管理学的进步提供了一个深层次转变的契机。正如上海自主创新工程研究院理事、量子管理的著名倡导者何伟老师所说，量子力学依据完全不同于经典力学的模型和假设而建立，所得出的结论也会与经典力学产生很大的差异，但正是这些差异给了管理学进一步发展的机会，使得量子思维用于管理学具有巨大的优势。 在这样一个急剧变化的量子时代，面临工业革命以来最大的一场历史性变革，我们只有在思维方式和管理模式上进行一次彻底的转变，即从传统的牛顿思维转化为现代的量子思维，才能从根本上适应时代发展的要求以及不确定性环境带来的挑战。

企业发展过程中一个关键瓶颈是缺乏“能打胜仗”的将军——

- 很多业务能手被选拔到管理岗位上，却发现他们一个人做业务时成效显著，但带团队“打胜仗”就不行，**为什么？**
- 不少管理者，经过很多管理培训，说起理论来头头是道，但真正“打起仗”来却不行，**为什么？**
- 不少团队存在“忙的忙死，闲的闲死”，团队没有活力、没有战斗力，**为什么？**
- 团队内讧，人才流失严重，业绩总是上不去，**为什么？**

主讲人：夏惊鸣

华夏基石集团副总裁，华夏基石双子星管理咨询公司联合创始人，联席CEO，首席训战导师。

如何将能力突出的个人变成能带团队“打胜仗”的领导？成为“能打胜仗”的领导，背后的真正规律是什么？

夏惊鸣老师基于多年咨询观察实践，总结出提升领导力的五大构件，帮助认清领导力的真规律，并更具可操作性，从而快速提升领导力，带领团队打胜仗。

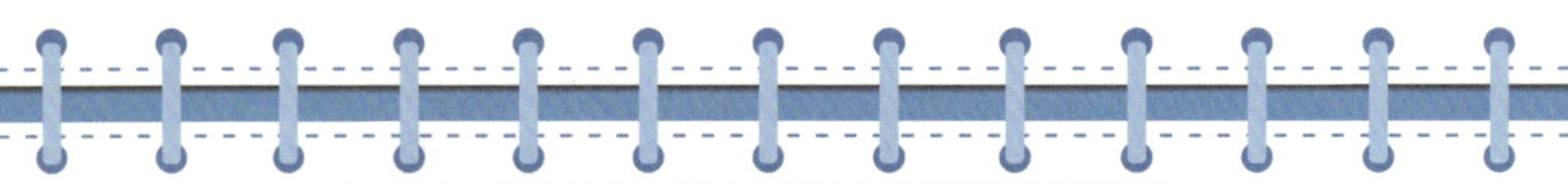

基于打胜仗的领导力

训战要点

围绕打胜仗领导力的五大构件进行讲解和训练——

①业务能力 ②目标管理能力 ③敢于管理 ④不自私 ⑤“赢”的核心素质

- ▶ 业务能力是领导力的基础：业务能力不行，就没有办法做出有效的判断和决策，而判断和决策是领导的核心职责。将业务能手提拔到管理岗位，这与业务能力是领导力的基础是否矛盾？如何认知？
- ▶ 目标管理的关键在于“打什么仗”、“赢的逻辑”和“弄清战况”这三方面。业务能力决定了目标管理的内容是否正确，目标管理是将个人的业务能力转化为团队业务能力。

通过目标管理的训练（包含了业务能力的训练），提升“打胜仗”的思考能力，并帮助学员想清楚现实中要“打什么仗”“如何打胜仗”等。

- ▶ 敢于管理就是“奖优罚劣”“惩恶扬善”，就是要做好评价管理和文化管理。
- ▶ 不自私就是全局的格局和“为了团队做成事，为了下属成长”两大发心。有了格局和两大发心，就有了敢于管理的心力。

通过训练“评价管理”和“文化管理”（结合了不自私），落实“追求整体胜利、较为公平、培养下属”，敢于管理。